RÉSUMÉ

ET

TARIF ALPHABÉTIQUE

DES

DROITS D'ENREGISTREMENT

AU COURANT JUSQU'EN 1897

PAR

F. LEFEBVRE

DOCTEUR EN DROIT

Ancien Employé supérieur de l'Enregistrement

PRIX : **4 FRANCS**

PARIS

PAUL ROY, Libraire-Éditeur

97, Boulevard Saint-Michel, 97

1897

RÉSUMÉ ET TARIF ALPHABÉTIQUE

DES

DROITS D'ENREGISTREMENT

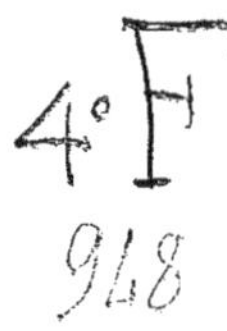

AVERTISSEMENT

Nous avons voulu, avant tout, être pratique ; le plus souvent, l'officier public a simplement besoin de connaître le tarif de l'acte qu'il rédige ; c'est pourquoi nous avons commencé ce petit travail sur les impôts dont le recouvrement est confié à l'administration de l'enregistrement par le *Tarif des droits d'enregistrement*. Nous l'avons fait suivre immédiatement des *Notions générales sur l'enregistrement*. Les *droits de greffe* sont abolis ; nous n'en avons dit qu'un mot. Les *amendes* sont également peu importantes ; nous en avons simplement énuméré la source. Comme les sociétés acquièrent chaque jour un développement plus considérable, nous avons détaillé avec soin les droits auxquels elles donnent lieu et précisé, dans un travail d'ensemble, *les droits d'enregistrement, les trois taxes sur les sociétés :* droit de timbre, droit de transmission, taxe sur le revenu. Les *droits d'hypothèque* sont d'un usage fréquent ; les notaires ont besoin de les consulter chaque jour ; nous nous sommes étendus sur ce sujet.

Enfin, nous avons terminé par les *droits de timbre*, qui complètent les impôts dont le recouvrement est confié à l'administration.

DIVISION

BESANÇON. — IMP. OUTHENIN-CHALANDRE FILS ET Cⁱᵉ.

RÉSUMÉ

ET

TARIF ALPHABÉTIQUE

DES

DROITS D'ENREGISTREMENT

AU COURANT JUSQU'EN 1897

PAR

F. LEFEBVRE

DOCTEUR EN DROIT

Ancien Employé supérieur de l'Enregistrement

PRIX : 4 FRANCS

PARIS

PAUL ROY, Libraire-Éditeur

97, Boulevard Saint-Michel, 97

1897

TARIF

DES

DROITS D'ENREGISTREMENT

A

Abandonnement de biens soit volontaire, soit forcé, pour être vendus en direction : droit fixe, 1 fr. 50 (L. des 22 frimaire an VII, art. 68, § 4, n° 1, et 28 février 1872, art. 4).

Abandonnement pour fait d'assurance ou grosse aventure : le droit est dû à 1 0/0 sur la valeur des objets abandonnés.

En temps de guerre, il ne sera dû qu'un 1/2 droit (Lois des 22 frim. an VII, art. 69, § 2, n° 1, et 28 avril 1816, art. 51, n° 1).

Absence. Les héritiers et légataires de l'absent sont tenus d'acquitter, dans les six mois de l'envoi en possession provisoire, les droits auxquels ils seraient tenus s'ils étaient appelés par l'effet de la mort (Loi du 28 avril 1816, art. 40).

Acceptation pure et simple de succession, legs ou communauté : droit fixe de 3 fr. (Lois des 22 frim. an VII, art. 68, § 1, n° 2 ; 18 mai 1850, art. 8, et 28 février 1872, art. 4).

Acceptation au greffe : droit fixe de 4 fr. 50 (Loi du 26 janvier 1892, art. 4).

Acceptation de lettres de change et autres effets négociables : exempts (Loi du 22 frim. an VII, art. 70, § 3, n° 15).

Acceptation de transports ou délégations de créances à terme faites par acte séparé et celles qui se font dans les actes mêmes de délégation aussi à terme : droit fixe de 3 fr. (Loi des 22 frim. an VII, art. 68, § 1, n° 3 ; 18 mai 1850, art. 8 ; 28 février 1872, art. 4).

Acceptilation ou remise de dettes : droit proportionnel de 0 fr. 50 0/0 (Loi du 22 frim. an VII, art. 69, § 2, n° 11).

Si la remise a été faite à titre de libéralité : droit proportionnel de donation. Voyez *Donation*.

Accroissement. Le droit d'accroissement établi par les lois des 28 décembre 1880 et 29 décembre 1884 est converti en une taxe annuelle et obligatoire de 0 fr. 30 0/0 de la valeur brute des biens meubles et immeubles possédés par les congrégations ; le taux est de 0 fr. 40 0/0 pour les congrégations non autorisées qui ne paient pas la taxe de mainmorte (Loi du 16 avril 1895, art. 3 et 4).

Achalandage (Vente d') : droit proportionnel de 2 0/0 (Loi du 28 février 1872, art. 7 et 8).

Acquiescement pur et simple quand il n'est pas fait en justice : droit fixe de 3 fr. (Loi des 22 frim. an VII, art. 68, § 1, n° 4 ; 28 avril 1816, art. 43, et 28 février 1872, art. 4).

Acquiescement passé au greffe : droit fixe de 4 fr. 50 (Loi des 22 frim. an VII, art. 68, § 2, n° 6 ; 28 avril 1816, art. 44, n° 10, et 28 février 1872, art. 4).

Acquisitions, échanges faits par la République, les partages de biens entre elle et les particuliers et tous autres actes faits à ce sujet : gratis (Loi du 22 frim. an VII, art. 70, § 2, n° 1).

Acquits de billets à ordre et autres effets négociables sous seing privé : exempts d'enregistrement (Loi du 22 frim. an VII, art. 70, § 3, n° 15).

Actes administratifs. Sont seuls soumis à l'enregistrement les actes dénommés dans l'article 78 de la loi du 15 mai 1818, savoir : les transmissions de propriété d'usufruit ou de jouissance, les adjudications ou marchés, les cautionnements relatifs à ces actes.

Actes à enregistrer en débet. Voyez *Débet*.

Actes à enregistrer gratis. Voyez *Gratis*.

Actes au greffe portant acquiescement, dépôt, décharge, désaveu, exclusion de tribunaux, etc.

Actes au greffe des justices de paix : droit fixe, 1 fr. 50 (Loi du 22 frim. an VII, art. 68, § 1, n° 51).

Actes au greffe des tribunaux civils et de commerce : droit fixe de 4 fr. 50 (Lois du 22 frimaire an VII, art. 68, § 2, n°s 6 et 7, et du 28 avril 1816, art. 44).

Actes au greffe des cours d'appel : droit fixe de 7 fr. 50. (Loi du 28 avril 1816, art. 45, n° 6).

Actes au greffe des tribunaux de répression lorsqu'il y a partie civile : droit fixe, 1 fr. 50 (Loi du 22 frim. an VII, art. 68, § 1. n° 51).

Actes de commerce. Les marchés et traités, réputés actes de commerce, faits ou passés sous signature privée, sont enregistrés provisoirement au droit fixe de 3 fr. (Loi du 11 juin 1869, art. 22).

La perception du droit proportionnel est subordonnée à une condamnation ou à l'énonciation du marché ou de la vente dans un acte public fait en conséquence, mais seulement sur la partie du prix ou des sommes faisant l'objet soit de la condamnation ou reconnaissance, soit des dispositions de l'acte public.

Actes du Corps législatif et du Gouvernement : exempts (Loi du 22 frim. an VII, art. 70, § 3, n° 1).

1

Actes de l'état civil : exempts. Exceptions : reconnaissance d'enfant naturel par acte de mariage emportant légitimation, 3 francs. Par acte de l'état civil autre que l'acte de mariage, 7 f. 50 (Lois des 28 avril 1816, art. 22 et 45, et 28 février 1872, art. 4).

Actes d'émancipation. Voyez *Emancipation.*

Actes de nature à être transcrits. Principe.

Les actes de nature à être transcrits sont soumis en général au droit de 1 fr. 50 0/0. Exceptions : Le droit fixe est seul exigible quand le droit proportionnel a été perçu. Les actes assujettis à la transcription par la loi du 23 mars 1855 ne sont soumis qu'au droit fixe de 1 franc (Art. 12). Voir *Echanges et partages d'ascendants.*

Actes de notoriété : droit fixe de 3 fr. (Loi du 22 frim. an VII, art. 68, § 1, n° 5, et Lois des 28 avril 1816, art. 43, et 28 février 1872, art. 4).

Actes de production : droit fixe de 0 fr. 50 (Art. 9 de la loi du 26 janvier 1892).

Actes d'exécution, de complément et de consommation d'actes antérieurement enregistrés : droit fixe de 3 fr. (Loi du 22 frim. an VII, art. 68, § 1, n° 6).

Actes des huissiers et gendarmes concernant la police générale de sûreté et la vindicte publique : gratis (Loi du 22 frim. an VII, art. 70, § 2, n° 3).

Actes et procès-verbaux autres que ceux des huissiers et gendarmes et les jugements concernant la police générale et de sûreté et la vindicte publique : exempts (Loi du 22 frim. an VII, art. 70, § 3, n° 9).

Actes innommés. Actes civils et administratifs : droit fixe de 3 fr. (Lois des 22 frim. an VII, art. 68, § 1, n°ˢ 30 et 51 ; 28 avril 1816, art. 43, n° 13 ; 18 mai 1850, art. 8, et 28 février 1872, art. 4). — Un acte qui contient mutation n'est pas un acte innommé.

Actes innommés judiciaires : droit fixe de 1 fr. 50 (Loi du 22 frim. an VII, § 1, n° 51).

Actes innommés extrajudiciaires : droit fixe de 2 fr. (Loi du 26 janvier 1892, art. 7). Ajoutons que les exceptions à cette règle générale sont fort nombreuses. Voyez *Exploits.*

Actes passés à l'étranger ou dans les colonies où l'enregistrement n'est pas établi. Usage en justice ou mention dans un acte public. Droits exigibles :

Mutations de biens meubles étrangers : droit proportionnel de vente, donation, etc., selon la nature de la convention ;

Mutation d'immeubles sis à l'étranger : droit proportionnel spécial de 0,20 0/0 ;

Mutations de biens sis en France : elles suivent la règle générale des actes passés en France.

Actes passés en conséquence :

1° *D'actes publics.* Défense de faire un acte en conséquence d'un autre avant l'enregistrement du premier.

Toutefois, les actes rédigés par le même notaire peuvent être enregistrés le même jour.

Sont exceptés les exploits et autres actes de cette nature qui se signifient à partie ou par affiches et proclamations et les effets négociables (Loi du 22 frim. an VII, art. 41).

2° *D'actes sous seing privé;* même défense que pour les actes publics. Exception en faveur des seuls notaires, qui peuvent faire des actes en vertu d'actes sous seing privé, à la condition que chacun de ces actes demeurera annexé et qu'il sera soumis en même temps à la formalité de l'enregistrement. Les notaires sont personnellement responsables, non seulement des droits, mais encore des amendes (Loi du 16 juin 1824, art. 13).

Actes passés en France et concernant des biens ou des valeurs situés à l'étranger. Voir *actes passés à l'étranger.*

Actes produits en cours d'instance. Tout acte produit en justice doit être enregistré. Sanction : dépôt au greffe de l'acte non enregistré. — Titre émané du défendeur et produit par le demandeur : double droit (Loi du 28 avril 1816, art. 57).

Actes refaits pour cause de nullité ou autre motif, sans aucun changement qui ajoute aux objets des conventions ou à leur valeur : droit fixe de 3 francs (Lois des 22 frim. an VII, article 68, § 1, n° 7 ; 28 avril 1816, art. 43, n° 3, et 28 février 1872, art. 4).

Actes respectueux : droit fixe de 3 francs (Lois des 22 frim. an VII, art. 68, § 1, n° 51 ; 18 mai 1850, art. 8, et 28 février 1872, art. 4).

Adjudication de biens meubles : droit proportionnel de 2 0/0 (Loi du 22 frim. an VII, article 69, § 5, n° 1).

Adjudication à la folle enchère de biens meubles, mais seulement sur ce qui excède le prix de l'adjudication, si le droit en a été acquitté : droit proportionnel, 2 0/0 (même article).

Lorsque le prix n'est pas supérieur à celui de la précédente adjudication : droit fixe de 4 fr. 50 (Loi du 28 avril 1816, art. 44, n° 1).

Adjudication de biens immeubles : droit proportionnel de 5 fr. 50 0/0 (Loi du 28 avril 1816, art. 52).

Adjudication à la folle enchère : droit proportionnel de 5 fr. 50 0/0, mais seulement sur ce qui excède le prix de l'adjudication (Loi du 22 frim. an VII, art. 69, § 7, n° 1).

Lorsque le prix n'est pas supérieur : droit fixe de 4 fr. 50 (Lois des 22 frim. an VII, art. 44, n° 1, et 28 février 1872, art. 4).

Adjudication de meubles ou d'immeubles dans un jugement ou procès verbal judiciaire : 0,25 0/0.

Il en est de même pour les adjudications renvoyées devant un notaire commis par décision de justice. — Ce droit est indépendant du droit propre au contrat. — Exception est faite pour les ventes judiciaires au-dessous de 2,000 francs. (Loi du 26 janvier 1892, art. 15 et 16).

Adjudication au rabais et marchés dont le prix doit être payé directement par le Trésor : droit proportionnel spécial de 0,20 0/0 (Loi du 28 avril 1893, art 19).

Adjudication au rabais dont le prix doit être payé par les départements, communes et établissements publics : droit proportionnel, 1 0/0 (Loi du 28 avril 1816, art. 51, n° 3).

Adoption. Acte de consentement respectif des parties dressé par le juge de paix : droit fixe, 1 fr. 50 (Loi du 22 frim. an VII, article 68, § 5, n° 4).

Les jugements de première instance admettant une adoption : droit fixe, 75 francs (Loi du 26 janvier 1892, art. 17, n° 11).

Les arrêtés de cour d'appel confirmant une

adoption : droit fixe 150 fr. (Loi du 26 janvier 1892, art. 17, n° 12).

Affectation d'hypothèques par le débiteur : droit fixe de 3 francs (Loi du 22 frim. an VII, art. 68, § 1, n° 51, et Instruction n° 1539, n° 1). Lorsqu'elle est consentie dans l'acte même d'obligation, aucun droit n'est exigible.

Affirmation de créances. Les procès-verbaux d'affirmation de créances après faillite : exempts (Loi du 26 janvier 1892, art. 10).

Ajournements. Voyez *Exploits*.

Aliments. Les constitutions d'aliments par les personnes tenues de la dette alimentaire sont tarifées à 0,20 0/0 (Loi du 16 juin 1824, art. 1). Si les personnes ne sont pas tenues de la dette alimentaire, le droit de donation est exigible.

Amendes. Voyez *Peines*.

Antichrèse : droit proportionnel de 2 0/0 sur les prix et sommes pour lesquels est consentie l'antichrèse (Loi du 22 frim. an VI, lart. 69, § 5, n° 5).

Apports. Voyez *Société, Contrat de mariage*.

Apposition et levée de scellés. Voyez *Scellés*.

Apprentissage (contrat d') : droit fixe 1 fr. 50, lors même qu'il contient des obligations de sommes, de valeurs mobilières ou des quittances (Loi du 22 février 1851, art. 1 et 2).

Arbitres (nomination d') : droit fixe, 4 fr. 50 (voir *Jugements*).

Arrêts. Voyez *Jugements*.

Arrêtés de compte : droit proportionnel de 1 0/0 (Loi du 22 frim. an VII, art. 69, § 7, n° 5).

Assignations. Voyez *Exploits*.

Associations. Voyez *Société*.

Assurances maritimes. Par chaque contrat : taxe obligatoire, 0,50 0/0, décimes compris, du montant des primes et des accessoires de la prime (Loi du 23 août 1871, art. 6, n° 1).

Assurances contre l'incendie : annuellement, 8 0/0 ou, en cas d'assurances 8 0/0 des cotisations ou des contributions du montant des primes, plus les décimes. Moyennant quoi l'enregistrement de l'acte a lieu gratis (Loi du 23 août 1871, art. 6, n° 2).

Assurances des valeurs situées à l'étranger : droit proportionnel de 8 0/0 sur les années restant à courir quand il en est fait usage en France (Loi du 23 août 1871, art. 9).

Assurances autres : droit proportionnel, 1 0/0. En temps de guerre, 0,50 0/0 (Loi du 28 avril 1816, art. 51, n° 2).

Assurances sur la vie. Le capital provenant de l'assurance est réputé faire partie de la succession de l'assuré et assujetti au droit de mutation par décès (Loi du 21 juin 1875, art. 6).

Assurances. Réassurances. Ces actes ne sont pas assujettis à la taxe.

Atermoiements entre débiteurs et créanciers autres que ceux après faillite : droit proportionnel de 0,50 0/0 (Loi du 22 frim. an VII, art. 69, § 5, n° 1).

Atermoiements après faillite : exempts (Loi du 23 janvier 1892, art. 10).

Attestations pures et simples : droit fixe de 3 fr. Voir *Notoriété*.

Autorisations pures et simples : droit fixe de 3 fr. (Loi des 22 frim. an VII, art. 68, § 1, n° 12;

28 avril 1816, art. 43, n° 5, et 28 février 1872, art. 4).

Aval sous seing privé donné sur les effets négociables : exempts (Loi du 22 frim., an VII, art. 70, § 3, n° 15).

Avis de parents ; droit fixe de 3 fr. (Loi du 28 avril 1893, art. 24).

Sont affranchis des droits de toute nature les avis des parents de mineurs dont l'indigence est constatée. — Même dispense est concédée aux actes nécessaires pour la convocation et la constitution des conseils de famille et l'homologation des délibérations prises dans ces conseils, dans le cas d'indigence des mineurs. — Les personnes dont l'interdiction est demandée et les interdits sont, dans les mêmes cas, assimilés aux mineurs. (Loi du 26 janvier 1892, art. 12).

B

Baux à ferme ou à loyer des biens meubles ou immeubles. Lorsque la durée est limitée, droit de 0 fr. 20 0/0 sur le prix cumulé de toutes les années (Lois du 22 frim. an VII, art. 69, § 3, n° 2, et 16 juin 1824, art. 1). Si le bail est de plus de trois ans, et si les parties le requièrent, le montant du droit pourra être fractionné en autant de paiements qu'il y aura de périodes triennales dans la durée du bail.

Les baux de biens meubles ne peuvent profiter du fractionnement.

Baux à périodes. Pour les baux qui peuvent prendre fin à l'expiration de chaque période, la réquisition de fractionnement n'est pas nécessaire. Le droit ne peut être perçu que sur la durée de la première période.

Les baux de biens meubles ne peuvent profiter du fractionnement.

Baux. Cession de bail : droit proportionnel de 0 fr. 20 0/0 sur les années restant à courir (Loi du 22 frim. an VII, art. 69, § 3, n° 2). — Ils profitent comme le bail lui-même de la faculté de fractionnement.

Baux à vie d'immeubles. Droit proportionnel de 4 0/0 pour les immeubles et de 2 0/0 pour les meubles (Loi du 22 frim. an VII, art. 69, § 5, n° 2, et § 7, n° 3).

Baux à rentes perpétuelles. Droit proportionnel de 5 fr. 50 0/0 (Dict. Enreg., v° *Bail à rente perpétuelle*, n° 1).

Baux à nourriture de personnes. Droit de 0 fr. 20 0/0 si la durée est limitée, de 9 0/0 en cas de durée illimitée, sur un capital formé de dix fois le prix et les charges annuels (Lois des 16 juin 1824, art. 1, et 22 frim. an VII, art. 69, § 5, n° 2).

Baux à durée illimitée. Meubles, 2 0/0 ; immeubles, 4 0/0 (Loi du 22 frim. an VII, art. 69, § 5, n° 2, et § 7, n° 2).

Biens étrangers. Voyez *Actes passés à l'étranger ou en France, concernant des biens étrangers*.

Bilans : exempts (Loi du 26 janvier 1892, art. 10).

Billets simples : droit proportionnel de 1 0/0 (Loi du 22 frim. an VII, art. 69, § 7, n° 3).

Billets à ordre : droit proportionnel 0 fr. 50 0/0 (Loi du 22 frim., an VII, art. 69, § 5, n° 2).

Bordereau de collocation. Voyez *Ordre*.

Bornage. Les procès-verbaux de bornage sont soumis au droit fixe de 3 fr. (Loi du 28 avril 1816, art. 43, n° 16). Le procès-verbal dressé à la requête de divers propriétaires ayant des intérêts distincts donne ouverture à autant de droits qu'il y a de propriétaires.

Brevets d'invention. L'obtention du brevet est dispensée du timbre et de l'enregistrement (Loi du 15 mai 1818, art. 80). La cession est tarifée au droit de 2 0/0 (Instruct. 1410, § 4).

C

Cahier des charges rédigé par acte civil distinct de l'adjudication : droit fixe de 3 fr. (Loi du 22 frim. an VII, art. 68, § 1, n° 51). Lorsque le cahier des charges ne forme qu'un seul contexte avec le procès-verbal, aucun droit n'est exigible.

Cahiers des charges rédigés par les maires, adjoints, préfets, sous-préfets : exempts d'enregistrement (Loi du 15 mai 1818, art. 78 et 80).

Caisse des dépôts et consignations. Les actes portant *purement et simplement* décharge à la caisse par les consignataires, créanciers, héritiers et ayants cause, doivent être enregistrés gratis (Instruct. 1519 et 1712).

Caisse d'épargne. Les actes de notoriété et les certificats de propriété sont exempts de timbre et d'enregistrement (Instruct. 2755, § 3). Les procurations notariées données pour retirer des sommes déposées aux caisses d'épargne sont assujetties à l'enregistrement, mais les procurations sous seing privé ne doivent être enregistrées qu'autant qu'on veut en faire usage par acte public ou en justice.

Caisse des retraites pour la vieillesse. Les pièces destinées à l'exécution de la loi du 20 juillet 1886 qui a créé une caisse de retraite pour la vieillesse sont dispensées des droits de timbre et d'enregistrement (Loi du 20 juillet 1886, art. 24).

Cassation. Voyez *Pourvoi en cassation.*

Casier judiciaire. Bulletins n° 2 délivrés aux particuliers : droit fixe de 0 fr. 20 (Loi du 26 janvier 1892, art. 5).

Cautionnements de sommes et d'objets mobiliers : droit proportionnel de 0 fr. 50 0/0 (Loi du 22 frim. an VII, art. 69, § 5, n° 3).

Il en est de même des cautionnements de se présenter ou de représenter un tiers en justice (Loi du 22 frim. an VII, art. 69, § 5, n° 7).

Cautionnements de baux : droit proportionnel de 0 fr. 10 0/0 (Loi du 22 frim. an VII, art. 69, § 1, n° 1, et Loi du 16 juin 1824, art. 1).

Cautionnements en immeubles ou en rente des conservateurs des hypothèques : droit fixe de 3 fr. (Loi des 21 ventôse an VII, art. 5 ; 18 mai 1850, art. 8 ; 28 février 1872, art. 4).

Cautionnements relatifs aux adjudications et marchés, dont le prix doit être payé par le Trésor public : droit proportionnel spécial de 0 fr. 20 0/0 (Loi du 28 avril 1893, art. 19).

Cautionnements des marchés pour les chemins vicinaux : droit fixe de 1 fr. 50 (Lois des 21 mai 1836 et 20 août 1881).

Certificats purs et simples par acte judiciaire : droit fixe, 1 fr. 50 (Loi du 18 mai 1850, art. 8).

Certificats par acte civil et administratif :

droit fixe, 3 fr. (Loi du 22 frim. an VII, art. 68, § 1, n° 17).

Certificats de vie et de résidence : droit fixe, 1 fr. 50 (Loi du 22 frim. an VII, art. 68, § 1, n° 17).

Certifications de caution et de cautionnement : droit fixe, 3 fr. (Lois du 22 frim. an VII, art. 69, § 1, n° 16, et du 28 avril 1816, art. 43).

Cessions d'intérêts. Cessions d'intérêts mobiliers dans les sociétés : droit proportionnel, 0 fr. 50 0/0 (Loi du 22 frim. an VII, art. 69, § 2, n° 6).

Cessions d'actions ou d'obligations : Voir *Droit de transmission.*

Cessions de rentes perpétuelles. Sur un gouvernement étranger : droit proportionnel, 2 0/0 (Dict. Enregistrement, v° *Étranger*, n° 901).

Cessions de titres d'obligations. Fonds d'État remboursables à terme : droit de 1 0/0 (Dict. de l'Enregistrement. V. *Étranger*, n° 901).

Cessions de titres des villes, provinces, corporations, sociétés étrangères : *Droit de transmission.* Voir ce mot.

Cessions de créances à terme : droit proportionnel de 1 0/0 (Loi du 22 frim. an VII, art. 69, § 3, n° 3).

Cessions de créances faites en justice. Le droit ne se liquide que sur le prix exprimé dans le procès-verbal d'adjudication et le capital des charges qui ajoutent à ce prix (Instruct. 1307, § 1).

Cessions d'office. Voyez *Office.*

Cession de rentes. Voyez *Rentes.*

Chambres de discipline. L'art. 89 du décret du 14 juin 1813 exempte du timbre et de l'enregistrement tous les actes de la chambre, soit en minute, soit en expédition, à l'exception des certificats et autres pièces délivrées aux particuliers.

Chemins vicinaux. Les actes ayant pour objet exclusif la construction, l'entretien et la réparation des chemins vicinaux : droit fixe, 1 fr. 50 (Lois du 21 mai 1836, art. 20, et 28 février 1872, art. 4). — Cessions de terrain, gratis (Loi du 3 mai 1841, art. 58).

Chemins ruraux. Mêmes droits.

Chèques : droit proportionnel de 0 fr. 50 0/0 (Loi du 22 frimaire an VII, art. 69, § 2, n° 6).

Chèques non négociables : 1 fr. 0/0 (Loi du 22 frimaire an VII, art. 69, § 3, n° 3).

Cimetières. Concessions trentenaires et perpétuelles : droit proportionnel de 4 0/0 (Instruction 1757).

Cimetières. Concessions temporaires, c'est-à-dire pour un temps inférieur à 30 ans : droit proportionnel de 0 fr. 20 0/0 (Loi du 16 juin 1824, art. 1er ; Instr. 1757).

Clientèle. Les mutations à titre onéreux : droit proportionnel, 2 0/0 (Loi du 28 février 1872, art. 7).

Collation d'actes. Par acte judiciaire ou extrajudiciaire et pour chaque acte ou extrait collationné : droit fixe, 1 fr. 50 (Loi du 22 frim. an VII, § 1, n° 17) ; par acte civil : droit fixe, 3 fr. (Loi du 22 frim. an VII, § 1, n° 18).

Collocations de sommes. Jugements portant collocations de sommes : voir *Taxe des frais de justice.*

Collocations amiables : droit proportionnel de 0 fr. 75 0/0 (Loi du 26 janvier 1892, art. 16, § 3).

Command. Voyez *Déclaration de command ou d'ami.*

Compromis ou **nominations** d'arbitres. Voyez *Arbitres.*

Comptes. Voyez *Arrêtés de comptes.*

Comptes de recettes ou gestions publiques : exempts (art. 70, § 3, n° 7).

Comptoirs d'escompte. Les actes de nantissement au profit des comptoirs et des sous-comptoirs d'escompte, à l'exception des actes de prêt contenant affectation hypothécaire : droit fixe de 3 fr. (Décret du 24 mars 1848; Instr. 1987).

Concessions de terrains dans les cimetières. Voyez *Cimetières.*

Concordat. Voyez *Atermoiements.*

Condamnations. Voyez *Jugements.*

Congrégations religieuses. Les congrégations, reconnues ou non, sont soumises au droit d'accroissement et à l'impôt sur le revenu. Voir ces mots.

Connaissements ou reconnaissances de chargement par mer : droit fixe de 4 fr. 50. Il est dû un droit par chaque personne à qui les envois sont faits (Lois des 22 frim. an VII, art. 68, § 1, n° 20 ; 28 avril 1816, art. 44, n° 6, et 28 février 1872, art. 4).

Consentements purs et simples : droit fixe de 3 fr. (Lois des 22 frim. an VII, art. 68, § 1, n° 21 ; 28 avril 1816, art. 43, n° 7, et 28 février 1872, art. 4).

Consentements à mainlevées totales ou partielles d'hypothèques : droit proportionnel spécial de 0 fr. 20 0/0 (Loi du 28 avril 1893, art. 19).

Constitution de rentes. Voyez *Rentes.*

Contrats. Les contrats, transactions, promesses de payer des sommes d'argent : droit proportionnel de 1 0/0 (Loi du 22 frim. an VII, art. 69, § 3, n° 3).

Contrats d'apprentissage. Voyez *Apprentissage.*

Contrats d'assurances. Voyez *Assurances.*

Contrats de mariage : droit proportionnel spécial de 0 fr. 20 0/0 sur le montant net des apports personnels des futurs époux (Loi du 28 avril 1893, art. 19). — Sont soumis au droit de 5 fr. les contrats de mariage qui ne contiennent que la déclaration du régime adopté (Même loi, art. 20).

Contrats de transports : droit proportionnel de 1 0/0 (Loi du 22 frim. an VII, art. 69, § 3, n° 3).

Contributions. Voir *Ordre.*

Crédit (Ouverture de) : droit proportionnel de 0 fr. 50 0/0. La réalisation ultérieure du crédit donne ouverture à un nouveau droit de 0 fr. 50 0/0 (Loi du 23 août 1871, art. 5).

Crédit foncier. Les prêts conditionnels consentis par le Crédit foncier sont soumis au droit fixe de 3 fr.; la réalisation ultérieure, au droit proportionnel de 1 0/0 (Instr. 1968 et 2356, § 6).

Crédit foncier. Les lettres de gage : droit fixe de 0 fr. 15 (Décret du 28 février 1852, art. 14; Instr. 2694, § 4).

D

Dation en paiement. Il y a lieu de percevoir, suivant les cas : 1 0/0 si le créancier reçoit des créances; 2 0/0 s'il reçoit des meubles ou des

rentes, et 5 fr. 50 si le paiement a lieu en immeubles.

Débet. L'art. 70, § 1, de la loi du 22 frim. an VII mentionne les actes à enregistrer en débet.

Décimes. Les droits d'enregistrement sont assujettis à 2 déc. 1/2 (Lois des 6 prairial an VII, art. 1; 23 août 1871, art. 1, et 30 décembre 1873, art. 2).

Décharges pures et simples et les récépissés de pièces : droit fixe de 3 fr. (Lois des 22 frim. an VII, art. 68, § 1, n° 22 ; 28 avril 1816, art. 43, n° 7, et 28 février 1872, art. 45).

Déclaration estimative (Nécessité de la). Si les sommes ou valeurs ne sont pas déterminées dans un acte ou un jugement donnant lieu au droit proportionnel, les parties sont tenues d'y suppléer, avant l'enregistrement, par une déclaration estimative certifiée et signée au pied de l'acte (art. 16 de la loi du 22 frimaire an VII).

Déclaration pure et simple en matière civile et de commerce : droit fixe de 3 fr. (Lois des 22 frimaire an VII, art. 68, § 1, n° 22 ; 28 avril 1816, art. 43, et 28 février 1872, art. 45).

Déclaration par les titulaires de cautionnements versés au Trésor, en faveur des bailleurs de fonds, pour leur assurer le privilège de second ordre. Elle est soumise au droit fixe de 3 francs (Décret du 22 décembre 1812, art. 3; Instr. 657; lois 18 mai 1850, art. 8, et 28 février 1872, art. 4). La règle est la même si la déclaration émane des héritiers du titulaire (Délib. 30 juin 1824). Si la déclaration n'était pas pure et simple, le droit d'obligation serait exigible (Instr. 2531).

Déclaration de command ou d'ami : droit fixe de 4 fr. 50 (Lois des 22 frim. an VII, art. 68, § 8, n° 4 ; 28 avril 1816, art. 44). Si la déclaration a lieu après les 24 heures, ou lorsque la faculté d'élire command n'a pas été réservée, droit de vente (Lois des 22 frimaire an VII, art. 69, § 7, n° 3, et 28 avril 1816, art. 52).

Délai pour l'enregistrement des actes et mutations. Le titre III de la loi du 22 frimaire an VII fixe les délais pour l'enregistrement des actes et déclarations.

Délaissement par hypothèque. Droit fixe de 7 fr. 50 (Art. 68, § 4, n° 1, de la loi du 22 frimaire an VII; Loi du 28 février 1872, art. 4).

Délégation de créances à terme : droit proportionnel, 1 0/0 dans tous les cas (L. du 22 frimaire an VII, art. 69, § 3, n° 3).

Délégation de prix dans le contrat. Le droit proportionnel n'est perçu que lorsque le titre du délégataire n'a pas été enregistré (J. E. 11008).

Délivrance de legs : droit proportionnel spécial de 0 fr. 20 0/0 sur le montant net des sommes ou valeurs léguées (Loi du 28 avril 1893, art. 19). Il y a dation en paiement passible du droit de vente quand le débiteur donne non ce qui est légué, mais un équivalent.

Dénonciation de protêt : droit fixe de 1 fr. (Art. 68, § 1, n° 30).

Dépôts d'actes et pièces chez les officiers publics : 3 fr. (Lois des 22 frimaire an VII, art. 68, § 1, n° 27 ; 28 avril 1816, art. 44, et 28 février 1872, art. 4).

Dépôt de sommes :

Chez les officiers publics, droit fixe de 3 fr.

Chez les particuliers, droit d'obligation (Loi du 22 frimaire an VII, art. 69, § 3, n° 3).

Dépôt au greffe :

Justices de paix, juridictions répressives de tout degré, 1 fr. 50 (Lois des 22 frim. an VII, art. 68, § 1, nos 46, 48 et 51, et 28 février 1872, art. 4).

Tribunaux civils et de commerce, 4 fr. 50 (Lois des 28 avril 1816, art. 44, no 10, et 28 février 1872, art. 4).

Cours d'appel. Le droit est de 7 fr. 50 (Loi du 28 avril 1816, art. 45, no 6, et Loi du 28 février 1872, art. 4).

Le droit de greffe a été supprimé par la loi du 26 janvier 1892.

Désaveu. L'acte de désaveu, n'ayant pas été dénommé, est passible du droit fixe de 3 francs lorsqu'il est fait devant notaire (Lois des 22 frim. an VII, art. 68, § 1, no 22 ; 18 mai 1850, art. 8 ; 28 février 1872, art. 4).

Il donne ouverture : au droit de 1 fr. 50, quand il est fait devant le juge de paix (art. 68, § 1, no 51, de la loi du 22 frim. an VII ; 8 de la loi du 28 février 1872, art. 4) ; à celui de 4 fr. 50, lorsqu'il est fait au greffe du tribunal civil (Lois des 22 frim. an VII, art. 68, § 2, no 7 ; 28 avril 1816, art. 44, no 10 ; 28 février 1872, art. 4) ; et au droit de 7 fr. 50, quand il est fait au greffe d'une cour d'appel (Lois des 22 frim. an VII, art. 68, § 2, no 7 ; 28 avril 1816, art. 45, no 6 ; 28 février 1872, art. 4).

Désistements purs et simples : droit fixe de 3 fr. (Lois des 22 frim. an VII, art. 68, § 1, no 28 ; 28 avril 1816, art. 43, no 12 ; 28 février 1872, art. 4).

Devis d'ouvrages et entreprises, qui ne contiennent aucune obligation de sommes et valeurs, ni quittance : droit fixe de 3 fr. (art. 68, § 1, no 29, de la loi du 22 frim. an VII ; 18 mai 1850, art. 8 ; 28 février 1872, art. 4).

Par acte administratif : exempts (Loi du 15 mai 1818, art. 80). Sont considérées comme personnes administratives : les préfets, sous-préfets, maires, ingénieurs.

Concernant les chemins vicinaux, 1 fr. 50 (Lois des 21 mai 1836, art. 10, et 28 février 1872, art. 4).

Dispositions indépendantes et dépendantes (Théorie des). Les articles 10 et 11 contiennent l'un des principes les plus importants de la législation fiscale. L'article 11 est ainsi conçu : « Mais lorsque dans un acte quelconque... il y a plusieurs dispositions indépendantes ou ne dérivant pas nécessairement les unes des autres, il est dû pour chacune d'elles, et selon son espèce, un droit particulier. La quotité en est déterminée par l'article de la présente loi dans lequel la disposition se trouve classée ou auquel elle se rapporte. »

L'article 10 donne comme exemple de disposition dépendante : dans le cas de transmission de biens, la quittance donnée ou l'obligation consentie par le même acte, pour tout ou partie du prix entre les contractants, ne peut être sujette à un droit particulier d'enregistrement.

Un arrêt de la Cour de cassation du 21 août 1872 porte que : « Pour soustraire à la pluralité des droits édictée par l'article 11 les dispositions diverses d'un même acte, il faut, non pas seulement que ces dispositions aient été liées entre elles dans l'intention des parties contractantes, mais que, prises abstractivement, elles con-

courent ensemble à la formation d'un contrat principal et en constituent les éléments corrélatifs et nécessaires » (Instr. 2456-6).

Dispenses. Les dispenses d'âge pour mariage sont assujetties à un droit de sceau de 100 fr.

Les dispenses de parenté pour le mariage, 200 francs.

En outre, ces deux dispenses supportent un droit d'enregistrement de 20 0/0 (Loi du 28 avril 1816, art. 55).

Les dispenses sont gratuites pour les indigents (Loi du 10 décembre 1850, art. 10).

Dissimulation dans un prix de vente, dans la soulte d'un échange ou d'un partage. Amende du quart de la somme dissimulée (Loi du 23 août 1871, art. 12 et 13).

Dissolution de société sans partage : droit fixe, 7 fr. 50 (Lois des 22 frim. an VII, art. 68, § 3, no 4, et 28 avril 1816, art. 45).

Distribution. Voyez *Collocation, Ordre.*

Divorce. Sont assujettis au droit de 75 fr., les jugements de première instance prononçant un divorce ; — et au droit de 150 francs les arrêts de cours d'appel (Loi du 23 janvier 1892, art. 17, no 12).

Lorsqu'il y a appel, le droit fixe de 150 francs est dû sur l'acte de l'état civil (Instr. 2701).

Domaines. Vente de meubles et d'immeubles de l'Etat : droit proportionnel de 2 0/0 (Loi du 22 frim. an VII, art. 69, § 5, no 1).

Les acquisitions et échanges faits par l'Etat et les partages de biens entre lui et les particuliers : gratis. La soulte payée à l'Etat est tarifée à 2 0/0 (Loi du 12 décembre 1827, art. 8 et 14).

Dommages-intérêts prononcés par les juges de paix et les prud'hommes : droit proportionnel de 2 0/0 ; par tous autres tribunaux : droit proportionnel de 3 0/0 (Loi du 26 janvier 1892, art. 16, §§ 6 et 7).

Donations :

1o *Par contrat de mariage :*

Ligne directe : Meubles, 1,25 0/0 (Lois des 22 frim. an VII, art. 69, § 4, no 1, § 6, no 2 ; et 18 mai 1850, art. 10). Immeubles, 2,75 0/0 (Lois des 22 frim. an VII, art. 69, § 6, no 2 ; 28 avril 1816, art. 54).

Entre époux : Meubles, 1,50 0/0 (Loi du 28 avril 1816, art. 53 et 54).

En ligne collatérale ; Entre frères et sœurs, oncles et tantes, neveux et nièces : meubles et immeubles, 4,50 0/0 ; — entre grands-oncles et grand'tantes, petits-neveux et petites-nièces, cousins germains : meubles et immeubles, 5 0/0 ; entre parents au-delà du 4o degré jusqu'au douzième, 5,50 0/0 (Lois des 21 avril 1832, art. 33 ; 18 mai 1850, art. 10).

Entre personnes non parentes : Meubles et immeubles, 6 0/0 (Lois des 21 avril 1832, art. 33, et 18 mai 1850, art. 10).

2o *Hors contrat de mariage :*

Ligne directe : Meubles, 2,50 0/0 (Lois des 22 frim. an VII, art. 69, § 4, no 1, et 18 mai 1850, art. 10). Immeubles, 4 0/0 (Lois des 22 frimaire an VII, art. 69, § 6, no 2, et 28 avril 1816, art. 54).

Entre époux : Meubles, 3 0/0 (Lois des 28 avril 1816, art. 53, et 18 mai 1850, art. 10). Immeubles, 4,50 0/0 (Loi du 28 avril 1816, art. 53 et 54).

3o *Entre frères et sœurs, oncles et tantes, neveux et nièces :* Meubles et immeubles, 6,50

0/0 (Lois des 22 frim. an VII, art. 69, § 3, no 6, et § 8, no 1 ; 28 avril 1816, art. 53 et 54 ; 21 avril 1832, art. 33, et 18 mai 1850, art. 10).

4o *Entre grands-oncles et grand'tantes, petits-neveux et petites-nièces et cousins germains*, 7 0/0 (Lois des 22 frim. an VII, art. 69, § 6, no 1, et § 8, no 1 ; 28 avril 1816, art. 53 et 54 ; 21 avril 1832, art. 33, et 18 mai 1850, art. 10).

5o *Entre parents au delà du 4o degré jusqu'au douzième* : Meubles et immeubles, 8 0/0 (Lois des 22 frim. an VII, art. 69, § 6, no 1, et § 8, no 1 ; 28 avril 1816, art. 53 et 54 ; 21 avril 1832, art. 33).

6o *Entre étrangers* : Meubles et immeubles, 9 0/0 (Lois des 22 frim. an VII, art. 69, § 6, no 1, et § 8, no 1 ; 28 avril 1816, art. 53 et 54 ; 21 avril 1832, art. 33, et 18 mai 1850, art. 10).

Contenant partages d'ascendants : Meubles, 1 0/0 (Lois des 16 juin 1824, art. 3, et 18 mai 1850, art. 5). Immeubles, 1,50 0/0 (Lois des 28 avril 1816, art. 54, et 21 juin 1875, art. 1). Le droit de transcription est compris dans ce tarif.

Donations éventuelles. Les actes qui ne contiennent que des dispositions soumises à l'événement du décès du donateur sont sujets au droit fixe de 7 fr. 50 (Lois des 22 frim. an VII, art. 68, § 3, no 5 ; 28 avril 1816, art. 45, no 4, et 28 février 1872, art. 4).

Dons manuels. Les actes renfermant soit la déclaration par le donataire ou ses représentants, soit la reconnaissance judiciaire d'un don manuel, sont sujets au droit de donation (Loi du 18 mai 1850, art. 10).

La quotité du droit est déterminée par la nature de l'acte dans lequel se trouve relaté le don manuel (Inst. 1307, 5).

Droit de communication. Sont assujettis aux vérifications de l'administration les dépositaires des registres de l'état civil, ceux des rôles des contributions et tous autres chargés des archives et dépôts publics (Loi du 22 frimaire an VII, article 54).

Extension de ce droit notamment aux sociétés et compagnies d'assurances (Lois des 23 août 1871, art. 22, et 21 juin 1875, art. 7).

Droits de libération. Voyez *Quittance*.

Droits de succession. Voyez *Succession*.

Droits de transcription. Voyez *Actes de nature à être transcrits*.

Droit de transmission. Toute cession de titres, d'actions et obligations dans une société, compagnie ou entreprise quelconque, financière, industrielle, commerciale ou civile, est assujettie à un droit de transmission de 50 centimes pour 100 francs de la valeur négociée. Ce droit, pour les titres au porteur et pour ceux dont la transmission ne peut s'opérer sans un transfert sur les registres de la société, est converti en une taxe annuelle et obligatoire de 20 centimes 0/0 du capital desdites actions et obligations. Ces droits ne sont pas passibles des décimes (LL. des 23 juin 1857, art. 6 ; 16 septembre 1871, art. 11 ; 30 mars 1872, art. 1 ; 29 juin 1872, art. 3, et 30 décembre 1873, art. 3). Ces droits ont été étendus à la transmission des obligations des départements, des communes, des établissements publics et de la société du Crédit foncier par la loi du 16 septembre 1871, art. 11.

Droits fixes. Actes soumis au droit fixe. Ce sont ceux qui ne contiennent ni obligation, ni libération, ni condamnation, collocation ou liquidation, ni transmission (art. 3 de la loi du 22 frimaire an VII).

Droit proportionnel spécial. Les actes soumis au droit proportionnel spécial sont : les actes de formation et de prorogation de société, les ventes de biens sis à l'étranger, les ventes de marchandises avariées, les contrats de mariage, les partages, mainlevées, prorogations de délais, les marchés dont le prix est payé par l'Etat, les cautionnements relatifs à ces marchés et les titres nouvels.

La quotité du droit est de 0,15 0/0 pour les partages et de 0,20 0/0 pour les autres actes (Loi du 28 avril 1893, art. 19).

Droits proportionnels. Le droit proportionnel est établi pour les obligations, libérations, condamnations, collocations ou liquidations de sommes ou valeurs et pour toutes transmissions de propriété, d'usufruit ou de jouissance de biens meubles ou immeubles soit entre vifs, soit par décès (art. 4 de la loi du 22 frimaire an VII). Le minimum est de 25 centimes.

E

Echanges. Tarif des échanges d'immeubles : 3 fr. 50 0/0, y compris le droit de transmission. Le droit se calcule sur le capital obtenu en multipliant le revenu par 20 ou 25, suivant qu'il s'agit d'immeubles urbains ou ruraux (Lois des 16 juin 1824, art. 2 ; 28 avril 1816, art. 54, et 21 juin 1875, art. 4).

Echanges. Soulte. Plus-value. Le droit de vente de 5 fr. 50 0/0 est perçu sur la soulte ou plus-value (LL. des 22 frim. an VII, art. 69, § 5, no 3, et § 7, no 7, et 28 avril 1816, art. 52).

Echanges d'immeubles ruraux situés dans la même commune ou dans des communes limitrophes et les échanges d'immeubles ruraux contigus : droit proportionnel de 0,20 0/0 (Loi du 3 novembre 1884, art. 1). Ce tarif n'est appliqué que sauf certaines justifications édictées par l'article 2 de la même loi.

Echanges faits par l'Etat : gratis (Loi du 22 frim. an VII, art. 70, § 2, no 1).

Effets de commerce : droit proportionnel de 0,50 0/0. Les effets négociables pourront n'être présentés à l'enregistrement qu'avec les protêts qui en auront été faits (Loi 22 frim. an VII, article 69, § 2, nos 4 et 6).

Emancipation : droit fixe de 15 francs ; un droit est dû par chaque émancipé (Loi du 22 frim. an VII, art. 68, § 4, no 2 ; Besson, *Frais de justice*, supplément, no 35).

Enfants naturels. Voyez *Reconnaissance d'enfants naturels*.

Engagements de biens immeubles ou antichrèse, liquidation du droit. Voyez *Antichrèse*.

Engagements, enrôlements, congés, certificats, cartouches, passeports, quittances de prêt et fournitures, billets d'étapes, de subsistance et de logement : exempts (Loi du 22 frim. an VII, art. 70, no 13).

Etat civil. Voyez *Actes de l'état civil*.

Etat de mobilier. Les états de mobilier déposés pour les déclarations de succession, même ceux contenant le pouvoir de faire la déclaration, sont exempts de l'enregistrement (Il n'y a ni loi ni décision, mais la pratique. Voir Garnier, v° *Etat*, n° 5).

Exécutoires de dépens : droit proportionnel de 0,50 0/0; ce droit ne peut être inférieur à 1 franc 50 (Décis. du 16 février 1807; Instr. n° 1984).

Exemption d'enregistrement. Actes que les principales lois exemptent d'enregistrement (voir loi du 22 frim. an VII, art. 70, § 3, et loi du 26 janvier 1892).

Expéditions. Les expéditions, extraits ou copies d'actes enregistrés sont exempts d'enregistrement (Lois des 22 frim. an VII, art. 8, et 26 janvier 1892, art. 4).

Expert. Nomination.

Hors jugement, 3 francs (Lois des 28 avril 1816, art. 43, n° 15, et 28 février 1872, art. 4).

En justice : justice de paix, 1 franc; tribunal de première instance, 4 fr. 50 (Loi du 26 janvier 1892, art. 17, n°ˢ 1 et 2).

Expertise. Deux expertises sont autorisées par la loi du 22 frimaire an VII, art. 17, l'une applicable aux actes de transmission de propriété ou d'usufruit à titre onéreux dans lesquels un prix est énoncé, l'autre, par l'article 19, applicable aux immeubles transmis en propriété ou en usufruit à tout autre titre.

En matière de meubles, la loi a prohibé l'expertise.

Exploits. Les exploits et autres actes des huissiers qui ne peuvent donner lieu au droit proportionnel sont soumis au droit fixe de 2 francs, sauf les exceptions ci-après (Loi du 26 janvier 1892, art. 6) :

I. Les assignations et tous autres exploits devant les prud'hommes : droit fixe de 0,50 si l'objet de la contestation est supérieur à 25 fr.; autrement; gratis (Loi du 26 janvier 1892, art 7).

II. Les exploits de simple police et des tribunaux de police correctionnelle et criminelle, soit entre parties, soit à la requête du ministère public avec partie civile : droit fixe de 1 franc (Lois des 22 frim. an VII, § 1, n° 48, et 26 janvier 1892, art. 6).

III. Les exploits relatifs aux procédures devant les juges de paix : droit fixe de 1 franc (Loi du 26 janvier 1892, art. 6).

IV. Les exploits et autres actes du ministère des huissiers relatifs aux procédures devant les cours d'appel : droit fixe de 3 fr. (Loi du 26 janvier 1892, art. 7).

V. Les exploits et autres actes du ministère des huissiers relatifs aux procédures devant la Cour de cassation et le conseil d'Etat, le premier acte de recours excepté : droit fixe de 5 francs (Loi du 28 avril 1893, art. 22).

VI. Les exploits ayant pour objet soit le recouvrement des sommes dues à l'État, ainsi que des contributions locales, soit le recouvrement des sommes dues pour mois de nourrice, lorsqu'il s'agira de cotes et créances n'excédant pas au total la somme de cent francs : gratis. Si la cote est supérieure à 100 francs, le droit est de 1 franc fixe (Lois des 26 janvier 1892, art. 7, et 28 avril 1893, art. 22).

Expropriation pour cause d'utilité publique. Les jugements et contrats faits ou rendus pour expropriation, les quittances et autres actes faits en vertu de la loi du 3 mai 1841 : gratis. Il en est de même des actes relatifs aux dommages causés à la propriété privée par l'exécution des travaux publics (Loi du 29 déc. 1892, art. 19).

Expropriation. Les cessions amiables sont également enregistrées gratis dès lors qu'elles sont postérieures à l'arrêté de cessibilité. Si elles sont antérieures, les droits perçus sont restituables (art. 58 de la loi du 3 mai 1841).

F

Facture. La facture non acceptée n'est qu'un acte innommé passible du droit fixe de 3 francs. La facture acceptée est un titre qui rentre dans la catégorie des traités et actes de commerce visés par la loi du 11 juin 1859.

Faillite. L'article 10 de la loi du 26 janvier 1892 affranchit du timbre et de l'enregistrement les actes rédigés en exécution des lois relatives aux faillites et liquidations judiciaires. Cette immunité doit se restreindre aux actes énumérés par cette loi.

Les articles 15, n° 2, et 16, § 1ᵉʳ, n° 1, soumettent à un droit proportionnel de 0 fr. 25 0/0 les répartitions aux créanciers, en matière de faillite ou de liquidation judiciaire.

Mais le droit de quittance ordinaire à 0 fr. 50 0/0 est applicable aux paiements faits par le débiteur qui a obtenu un concordat pur et simple (Instr. 2816, page 24).

Folle enchère. Voyez *Adjudication*.

Fonds de commerce et clientèle. Enregistrement de l'acte ou déclaration obligatoire dans les trois mois. Mutation de propriété à titre onéreux de fonds de commerce ou de clientèle: droit proportionnel de 2 0/0. Marchandises neuves : droit proportionnel de 0 fr. 50 0/0 (art. 7 à 9 de la loi du 28 février 1872).

G

Garanties mobilières : droit proportionnel de 0 fr. 50 0/0 (Loi du 22 frim. an VII, art. 69, § 2, n° 8). Le droit sera perçu indépendamment de celui de la disposition principale, mais sans pouvoir l'excéder.

Gardes. Voyez *Actes des Huissiers*.

Gendarmes. Voyez *Actes des huissiers et exploits*.

Gratis. L'article 70, § 2, de la loi du 22 frim. an VII, énumère les actes soumis à l'enregistrement, mais ne donnant ouverture à aucun droit. D'autres lois sont venues augmenter le nombre des actes qui jouissent de cette faveur; nous citerons la loi du 3 mai 1841, sur l'expropriation pour cause d'utilité publique; la loi du 10 décembre 1850, sur le mariage des indigents.

Greffiers. Faculté accordée à ces officiers publics pour les jugements et actes d'adjudication. Faute de consignation des droits par les parties, les greffiers doivent remettre au receveur de l'enregistrement un extrait de l'acte dans un délai de dix jours, sous peine d'une amende de dix francs, et d'être personnellement responsables des doubles droits (art. 37 de la loi du 22 frim. an VII.

H

Hypothèque donnée dans l'acte d'obligation par l'emprunteur. C'est une disposition dépendante, exempte de droit (Loi du 22 frim. an VII, art. 11).

Hypothèque par un tiers : droit proportionnel de 0 fr. 50 0/0 (Loi du 22 frim. an VII, art. 69, § 2, n° 8).

I

Impôt sur le revenu. Une taxe de 4 0/0 est établie sur : 1° les intérêts, dividendes, revenus et tous autres produits des sociétés, compagnies et entreprises quelconques; 2° les arrérages et intérêts annuels des emprunts et obligations des départements, communes et établissements publics, ainsi que des sociétés, compagnies et entreprises ci-dessus désignées; 3° les intérêts, produits et bénéfices annuels des parts d'intérêts et commandites dans les sociétés, compagnies et entreprises dont le capital n'est pas divisé en actions (Lois des 29 juin 1872, art. 1; 1er décembre 1875, art. 3).

Ne sont pas soumises à cette taxe les sociétés en nom collectif et les parts d'intérêt dans les sociétés commerciales en nom collectif; la commandite est seule atteinte (Loi du 1er décembre 1875, art. 1er).

La loi du 21 juin 1875 assujettit à cet impôt les lots et primes de remboursement.

La taxe de 4 0/0 frappe également les sociétés étrangères, les titres des sociétés étrangères, cotés, négociés, exposés en vente ou émis en France (Loi du 29 juin 1872, art. 4).

Elle frappe aussi les congrégations et les sociétés dont l'objet n'est pas de distribuer leurs produits (Loi des 28 décembre 1880 et 29 décembre 1884, art. 9).

Indemnité. Les promesses d'indemnité indéterminées, non susceptibles d'estimation : droit fixe, 3 fr. (Lois des 22 frim. an VII, art. 68, § 1, n° 22, et 28 avril 1816, art. 43).

Indemnité de sommes et objets mobiliers, 0 fr. 50 0/0 (art. 69, § 2, n° 8, de la loi du 22 frimaire an VII).

Indigents. Les actes ayant pour objet de faciliter le mariage des indigents, la légitimation de leurs enfants naturels, et le retrait des enfants déposés dans les hospices : gratis (Loi du 10 décembre 1850, art. 10).

Inscription de rentes sur l'Etat. Transferts et mutations à titre onéreux : exempts (Loi du 22 frim. an VII, art. 70-3).

Les mutations par décès et les transmissions à titre gratuit sont soumises au droit établi pour les donations et les successions (Loi du 18 mai 1850, art. 7).

Les inscriptions, les rescriptions, mandats et ordonnances de paiement sur les caisses nationales, leurs endossements et acquits : exempts (Loi du 22 frim. an VII, art. 70, § 3, n° 4). Ici le crédit de l'Etat est intéressé.

Instances en matière d'enregistrement. Introduction et instruction des instances. Les plaidoiries sont prohibées. Le ministère des avoués est interdit (Lois des 22 frim. an VII, art. 65, et 27 ventôse an IX, art. 17).

Institution contractuelle par contrat de mariage : droit fixe de 7 fr. 50 (Lois des 22 frim. an VII, 28 avril 1816 et 28 février 1872).

Insuffisance et dissimulation. Les omissions et les fausses évaluations sont punies d'un droit en sus (Loi du 22 frim. an VII, art. 39). Si l'insuffisance est établie par un rapport d'experts, les contrevenants supportent les frais de l'expertise. Néanmoins, ces frais restent à la charge de l'Etat lorsque, en matière d'expertise en valeur vénale, l'estimation n'excède pas d'un huitième le prix énoncé au contrat (Loi du 27 ventôse an IX, art. 5).

Après les peines établies pour les omissions et insuffisances, vient la peine établie contre les dissimulations. La dissimulation est une fraude. « Toute dissimulation dans le prix d'une vente et dans la soulte d'un partage ou d'un échange est punie d'une amende égale au quart de la somme dissimulée et payée solidairement entre les parties, sauf à la répartir entre elles par égales parts » (Loi du 23 août 1871, art. 12).

Interdiction. Les jugements des tribunaux civils portant interdiction, lorsqu'ils ne contiennent point condamnation de sommes et valeurs ou lorsque le droit proportionnel ne s'élèvera pas à 22 fr. 50 : droit fixe, 22 fr. 50 (Loi du 26 janvier 1892, art. 17). Les arrêts des cours d'appel : droit fixe, 37 fr. 50, lorsqu'ils ne donnent pas ouverture à un droit proportionnel supérieur (Loi du 26 janvier 1892, art. 17).

Intérêts, revenus et dividendes. (Voir *Impôt sur le revenu*).

Inventaire de meubles et d'objets mobiliers, titres et papiers : droit fixe de 3 fr. pour chaque vacation (Lois des 22 frim. an VII, art. 68, § 2, n° 1, et 28 février 1872, art. 4).

Les inventaires dressés après faillite ou liquidation judiciaire ne sont assujettis chacun qu'à un seul droit fixe de 3 francs, quel que soit le nombre de vacations (Lois des 24 mai 1834, art. 11, et 28 février 1872, art. 4).

J

Jugements et arrêts. Les jugements et actes judiciaires seront enregistrés sur les minutes.

Liquidation du droit sur les jugements.

Jugements en matière de contribution publique ou locale.

Les jugements sont soumis en principe au droit proportionnel.

Jugements donnant lieu au droit proportionnel.

La loi du 26 janvier 1892 fait, pour ainsi dire, table rase des droits fixes applicables aux jugements et arrêts des juridictions commerciales et civiles. Elle les supprime pour toutes les décisions qui se prêtent à la perception du droit proportionnel, sauf l'application du minimum fixé par l'article 17.

Jugements. Dommages et intérêts : droit proportionnel de 2 ou 3 0/0.

Jugements. Minimum. Dans aucun cas et pour aucun de ces jugements, le droit proportionnel ne pourra être inférieur au droit fixe réglé pour les jugements des divers tribunaux.

1 franc. Les jugements des juges de paix, les

jugements des prud'hommes et les ordonnances de référé des juges de paix.

1 fr. 50. Les jugements de simple police et des tribunaux de police correctionnelle et criminelle, soit entre les parties, soit sur la poursuite du ministère public, avec partie civile, lorsqu'il n'y a pas condamnation de sommes et valeurs, ou dont le droit proportionnel ne s'élèverait pas à 1 fr. 50.

4 fr. 50. Les jugements interlocutoires ou préparatoires des tribunaux de première instance, de commerce ou d'arbitrage, et les ordonnances des tribunaux civils, de commerce ou d'arbitrage.

5 francs. Les jugements définitifs des tribunaux de première instance rendus en matière commerciale, en premier ou en dernier ressort.

7 fr. 50. Les jugements définitifs des tribunaux de première instance rendus en matière civile, en premier ou en dernier ressort — et les arrêts interlocutoires ou préparatoires des cours d'appel.

10 francs. Les jugements des tribunaux de première instance portant débouté de demande en matière commerciale, quel que soit le ressort.

20 francs. Les jugements des tribunaux de première instance portant débouté de demande en matière civile, quel que soit le ressort.

22 fr. 50. Les jugements des tribunaux civils portant interdiction et ceux de séparation de biens entre mari et femme, lorsqu'ils ne portent point condamnation de sommes ou valeurs ou lorsque le droit proportionnel ne s'élèvera pas à 22 fr. 50.

25 francs. Les arrêts définitifs des cours d'appel.

30 francs. Les arrêts des cours d'appel portant débouté de demande.

37 fr. 50. Les arrêts des cours d'appel portant interdiction, séparation de corps ou de biens entre mari et femme.

Les arrêts définitifs de la Cour de cassation et du conseil d'État.

75 francs. Les jugements de première instance admettant une adoption ou prononçant un divorce.

150 francs. Les arrêts des cours d'appel confirmant une adoption. Ceux qui prononcent définitivement sur une demande en divorce.

A ENREGISTRER EN DÉBET. Les jugements des juridictions correctionnelles quand il n'y a pas de partie civile.

A ENREGISTRER AU COMPTANT. Quand il y a partie civile.

EXEMPTS D'ENREGISTREMENT. Les actes de la juridiction criminelle quand il n'y a pas de partie civile.

Jugements portant résolution de vente pour défaut de paiement du prix, lorsque l'acquéreur n'est point entré en jouissance : droit fixe, suivant la juridiction (Voir les tarifs ci-dessus).

Si l'acquéreur est entré en jouissance ou a payé tout ou partie de son prix : droit proportionnel, 4 0/0.

Jugements portant résolution de vente pour cause de nullité radicale : droit fixe, suivant le ressort.

Voir également *Taxe des frais de justice*.

Juges. Obligations des juges et arbitres et autres officiers publics. Il est défendu aux juges et arbitres de rendre aucun jugement et aux administrations centrales et municipales de prendre aucun arrêté en faveur des particuliers, sur des actes non enregistrés, à peine d'être personnellement responsables des droits (Loi du 22 frimaire an VII, art. 47).

L

Légalisation de signatures d'officiers publics : exempts (Loi du 22 frim. an VII, art. 70, § 3, n° 11).

Legs (Délivrance de). Droit de 0,20 0/0 sur la valeur des objets légués (Lois des 28 février 1872, art. 1er, et 28 avril 1893, art. 19).

Lettre de change. Voyez *Effets de commerce*.

Lettre d'autorisation de se faire naturaliser ou de servir à l'étranger. Droit de sceau, 500 fr. Droit d'enregistrement, 20 0/0 (Loi du 28 avril 1816, art. 55).

Lettre de déclaration de naturalité. Droit de sceau, 100 francs. Droit d'enregistrement, 20 0/0 (Même article).

Lettre de gage. Voyez *Crédit foncier*.

Lettre de voiture : droit fixe de 3 fr. Il est dû un droit pour chaque personne à qui les envois sont faits séparément (art. 68, § 1, n° 20, de la loi du 22 frimaire an VII).

Lettres missives : droit fixe de 3 fr. (Loi du 22 frim. an VII, art. 68, § 1, n° 23), qui ne contiennent aucune convention donnant lieu au droit proportionnel.

Libération. Voyez *Quittances*.

Licitation. Droit proportionnel, 2 0/0 sur les parts et portions acquises par licitation de biens meubles (Loi du 22 frimaire an VII, art. 69, § 5, n° 1). Droit proportionnel de 4 0/0 sur les parts et portions de biens immeubles entre cohéritiers, copropriétaires, acquises par licitation (Loi du 22 frimaire an VII, art. 69, § 7, n° 4). Conditions nécessaires à la perception du droit de 4 0/0 : il faut un titre commun, et l'indivision doit cesser. Si ces conditions n'existent pas, le droit de 5 fr. 50 0/0 est exigible.

Licitation suivie de partage. Dans ce cas, le droit n'est plus perçu sur les parts acquises, mais déduction faite de la part du colicitant dans l'ensemble des valeurs partagées (Instr. 2436-4).

Licitation au profit de mineurs, incapables, héritiers bénéficiaires. Ces contrats sont de nature à être transcrits, et le droit proportionnel de 1,50 0/0 est exigible sur le tout (Loi du 28 avril 1816, art. 53; Instr. 1825-1; 2223-1).

Liquidation. Voir *Partage*.

Liquidation judiciaire. Voir *Faillite*.

Locations verbales. Lorsqu'il n'existe pas de convention écrite constatant une mutation de jouissance de biens immeubles, il y est suppléé par des déclarations détaillées et estimatives dans les trois mois de l'entrée en jouissance. Droit de 20 cent. 0/0 (Loi du 23 août 1871, art. 11).

M

Mainlevée d'hypothèque totale ou partielle : droit proportionnel spécial de 0 fr. 20 0/0 sur le montant des sommes faisant l'objet de la mainlevée (art. 20 de la loi du 28 avril 1893).

S'il y a seulement réduction : droit fixe de 5 francs. Mais ce droit ne peut excéder le droit proportionnel qui serait exigible pour la mainlevée totale (même article).

Majorat. Le droit de mutation par décès de 1 0/0 n'est dû que sur le capital par 10 ou 12 1/2, alors que le majorat passerait en ligne collatérale, en cas d'extinction de la branche aînée (Lettre ministérielle du 4 mars 1882).

Marchandises avariées (vente de) par suite d'événements de mer, et débris de navires naufragés : droit proportionnel spécial de 0 fr. 20 0/0 (Lois des 28 février 1872, art. 1, et 28 avril 1893, art. 19).

Marchandises neuves (Voir *Fonds de commerce*).

Marché. Les adjudications au rabais et marchés faits entre particuliers qui ne contiennent ni vente, ni promesse de livrer des marchandises, denrées ou autres objets mobiliers : droit proportionnel 1 0/0 (Loi du 22 frim. an VII, art. 69, § 3, no 1).

Marchés. Les marchés translatifs de propriété de meubles à titre onéreux : droit proportionnel 2 0/0 (Loi du 22 frim. an VII, art. 69, § 5, no 1).

Marchés. Les adjudications et marchés dont le prix doit être payé par le Trésor public : droit proportionnel spécial de 0 fr. 20 0/0 (Loi du 28 avril 1893, art. 19).

Mariage. Voyez *Contrat de mariage*.

Mercuriales. Si le prix des denrées n'est pas fixé par les mercuriales fournies par l'autorité locale, il y a lieu de demander l'évaluation (Loi du 15 mai 1818, art. 75).

Minimum du droit proportionnel : 25 centimes (Loi du 27 ventôse an IX, art. 3).

Monts-de-piété. Tous les actes concernant l'administration de ces établissements sont exempts d'enregistrement (Loi du 24 juin 1851, art 4).

Mutation de navires. Voir *Vente de bateaux*.

Mutation à titre gratuit ou à titre onéreux de valeurs mobilières étrangères, lorsque la mutation a lieu en France. Droit commun (art. 4 de la loi du 23 août 1871).

Mutation de fonds de commerce. Voyez *Fonds de commerce*.

Mutation par décès. Voir *Successions*.

Mutation simultanée de meubles et d'immeubles. Le droit est perçu sur la totalité du prix, au taux réglé pour les immeubles, à moins qu'il ne soit stipulé un prix particulier pour les objets mobiliers, et qu'ils ne soient désignés et estimés, article par article, dans le contrat (art. 9 de la loi du 22 frim. an VII).

Mutation verbale ou secrète d'immeubles. Les parties sont tenues d'en faire la déclaration dans un délai de trois mois (Voir lois des 27 ventôse an IX, art. 4, et 23 août 1871, art. 11 et 14).

Mutation secrète de fonds de commerce. Même obligation que ci-dessus (Loi du 28 février 1879, art. 8, § 2).

N

Nantissement. Voir *Antichrèse et hypothèques.*

Les nantissements au profit de certains établissements financiers sont soumis à des règles particulières.

Navire. Voyez *Vente de bateaux*.

Nomination d'experts. Hors jugement : droit fixe de 3 fr. (Loi du 22 frim. an VII, art. 68, § 1, no 32 ; 28 avril 1816, art. 43).

Nomination d'arbitres. Hors Jugement, droit fixe de 4 fr. 50 (Lois des 22 frim. an VII, art. 68, § 1, no 17, et 28 avril 1816, art. 44).

Nomination de tuteurs : droit fixe de 3 fr. (art. 24 de la loi de finances du 28 avril 1893).

Notoriété. Voir *Acte de notoriété*.

Nue propriété. Voyez *Usufruit et nue propriété*.

O

Obligations. Les contrats, transactions, promesses de payer, arrêtés de comptes, billets, mandats ; les transports, cessions-délégations de créances à terme : droit proportionnel de 1 0/0 (art. 69, § 3, no 3, de la loi du 22 frim. an VII).

Obligations à la grosse aventure ou pour retour de voyage, 0 fr. 50 0/0 (Loi du 22 frim. an VII, art. 69, § 2, no 10).

Offices. Transmission à titre onéreux : droit proportionnel de 2 0/0 (Loi du 25 juin 1841, art. 6 et 7). Le droit ne peut jamais être inférieur au dixième du cautionnement (art. 10).

Offices. Transmission à titre gratuit : droit commun, mais le tarif ne peut jamais être inférieur à 2 0/0 (art. 8 et 9).

Omissions. Peines prononcées pour les omissions : double droit (art. 39 de la loi du 22 frim. an VII).

Ordonnance. L'ordonnance sur requête, étant un acte de juridiction gracieuse, ne tombe pas sous l'application de la loi du 26 janvier 1892. Le tarif est de :

1 fr. 50 pour les ordonnances des juges de paix et pour celles qui interviennent en matière correctionnelle ou de simple police ;

4 fr. 50 pour les ordonnances des juges des tribunaux civils et de commerce ;

7 fr. 50 pour les ordonnances des magistrats des cours d'appel (Lois des 22 frim. an VII, art. 68, § 1er, nos 46 et 48 ; 28 avril 1816, art. 44, no 10 ; 45, no 6, et 28 février 1872, art. 4).

Ordonnances de décharges. Réduction, remise ou modération d'impôts, les quittances y relatives, les rôles et extraits d'iceux : exempts (Loi du 22 frim. an VII, art. 70, § 3, no 6).

Ordre. 1º Les ordres consensuels et contributions amiables qui ne contiennent ni obligation ni transport par le débiteur : droit proportionnel de 0,50 0/0 (Loi du 28 février 1872, art. 5, no 1).

2º Les ordres amiables : droit proportionnel de 0,75 0/0 (Loi du 26 janvier 1892, art. 16, § 3).

3º Les ordres judiciaires et les contributions de même nature : droit proportionnel de 1 0/0 (Loi du 26 janvier 1892, art. 16, § 4-2º).

Ouverture de crédit. Voyez *Crédit*.

P

Partages. Les partages de biens meubles et immeubles entre copropriétaires, cohéritiers, à quelque titre que ce soit : droit proportionnel spécial de 0,15 0/0 sur le montant de l'actif net partagé (Loi du 28 avril 1893, art. 19).

Soulte. S'il y a soulte ou retour, le droit sur ce qui en sera l'objet sera perçu aux taux réglés pour les ventes (Loi du 22 frim. an VII, art. 68, § 3, no 2).

Lorsque le lot chargé de la soulte comprend des biens de diverses espèces, l'imputation se fait en remontant du droit le plus faible au droit le plus fort (Instr. 342).

Il en résulte que pour le calcul du droit de soulte, on doit appliquer :

Le droit de 50 centimes 0/0 aux marchandises neuves d'un fonds de commerce et aux actions et obligations françaises assujetties à la taxe de 0,50 0/0 sans décimes (Loi du 28 février 1872, art. 7).

Le droit de 1 0/0 aux créances (Loi du 22 frimaire an VII, art. 69, § 3, no 3).

Le droit de 2 0/0 aux meubles corporels et aux rentes sur particuliers et sur les gouvernements étrangers (Loi du 22 frim. an VII, art. 69, § 5 nos 2 et 7).

Sont affranchis du droit de soulte :

Les rentes sur l'Etat et les bons du Trésor (article 70, § 3, no 3, de la loi du 22 frim. an VII).

Les titres d'actions et obligations françaises qui acquittent la taxe annuelle de transmission (Loi du 23 juin 1857, art. 7).

Le numéraire; mais si la soulte n'est pas payée comptant, le droit d'obligation est exigible (J. E., no 21528).

Soulte de partage entre l'Etat et les particuliers : gratis (Loi du 22 frim. an VII, art. 70, § 1, no 1).

Soulte de partage d'ascendants. Les règles de perception concernant les soultes de partage sont applicables aux partages d'ascendants (Loi du 18 mai 1850, art. 5).

Passeports : exempts (Loi du 16 juin 1888, art. 1).

Partage testamentaire : droit de 0,15 0/0 sur l'actif net partagé (Loi du 28 avril 1893, art. 19). L'article 5 de la loi du 18 mai 1850 les soumet aux règles de perception concernant les soultes de partages ordinaires.

Paiement des droits. Les droits doivent être payés avant l'enregistrement et sans contestation, sauf recours (Loi du 22 frimaire an VII, article 28).

Peines prononcées pour défaut d'enregistrement des actes dans les délais (Voir loi du 22 frimaire an VII, art. 20).

Pensions alimentaires constituées par ceux qui doivent des aliments (C. C., 205 et s.) : droit de 0,20 0/0 (Loi du 16 juin 1824, art. 1).

Péremption d'instances. La péremption suppose la discontinuation de la procédure pendant trois ans (J. E. 11407).

Poursuites. Si les poursuites commencées sont interrompues pendant un an, l'action est périmée (art. 61 de la loi du 22 frim. an VII).

Pourvoi. Premier acte de pourvoi en cassation ou devant le conseil d'Etat : droit fixe de 25 francs (Loi du 28 avril 1816, art. 47; loi du 28 avril 1893, art. 22).

Prescription ordinaire en matière d'enregistrement, trente ans. Exceptions : prescriptions de deux ans, de cinq ans ou de dix ans (Lois des 22 frim. an VII, art. 61, et 18 mai 1850, article 11).

Prestation de serment. Enregistrement obligatoire dans les vingt jours (Loi du 27 ventôse an IX, art. 14).

Prestation de serment des surnuméraires, agents auxiliaires, débitants de tabac, gardes messiers, experts, jurés, courtiers et commissaires-priseurs, quelle que soit la juridiction (Loi du 22 frimaire an VII, art. 58, § 1, no 51).

Prestation de serment devant l'autorité administrative. Exempte (Loi du 15 mai 1818, art. 80). Cependant l'administration soutient que devant l'autorité administrative, le droit de 3 fr. est exigible (*Traité alphabétique*, nos 3 et 21).

Prestation de serment des gardes particuliers et des agents salariés par l'Etat, les départements, les établissements publics ou d'utilité publique, les communes, dont le traitement n'excède pas 4,000 francs : droit fixe, 4 fr. 50 (Loi du 28 avril 1893, art. 26).

Ceux des mêmes agents dont le traitement excède 4,000 fr. : droit fixe, 22 fr. 50, et ceux des avocats et officiers publics et ministériels (Loi du 22 frimaire an VII, art. 68, § 6, no 4, et loi du 28 avril 1893, art. 26).

Prestation de serment. Exemption. Tous actes et procès-verbaux concernant la police générale et de sûreté et la vindicte publique (Loi du 22 frimaire an VII, art. 70, § 3, no 3).

Prisée de meubles par acte civil : droit fixe, 3 fr. (Loi du 22 frim. an VII, art. 68, § 1, no 34).

Procès-verbaux de bureaux de paix, desquels il ne résulte aucune disposition donnant lieu au droit proportionnel ou dont le droit proportionnel ne s'élèverait pas à 1 fr. : droit fixe, 1 franc (Loi du 26 janvier 1892, art. 17).

Procès-verbaux. Les procès-verbaux de cotes et paraphes de registres : droit fixe, 3 fr. (Loi du 28 avril 1816, art. 73).

Procès-verbaux et rapports d'employés, gardes, commissaires séquestres, experts arpenteurs et agents forestiers ou ruraux, et les procès-verbaux de délits ou contraventions aux règlements généraux de police ou d'imposition, 2 francs (Loi du 28 avril 1893, art. 22).

Procès-verbaux d'affirmation de créance. Voyez ce mot.

Procès-verbaux d'apposition, de reconnaissance et de levée des scellés. Voyez *Scellés*.

Procès-verbaux de délivrance de seconde grosse : 3 francs (Lois des 22 frim. an VII, art. 68, 18 mai 1850, art. 8, et 28 février 1872, art. 4).

Procès-verbaux de nomination de tuteur et curateur. Voyez *Nomination de tuteur et curateur*.

Procès-verbaux des huissiers et gendarmes, préposés, gardes champêtres, forestiers, destinés à constater et poursuivre les délits et contraventions : débet, 2 francs (Loi du 28 avril 1893, art. 22).

Procès-verbaux des huissiers et gendarmes concernant la police générale de sûreté et la vindicte publique, c'est-à-dire destinés à constater des crimes ou délits, lorsqu'il n'y a pas de partie civile : gratis (Loi du 22 frimaire an VII, art. 70, § 2, no 3).

Procuration ne contenant aucune stipulation donnant lieu au droit proportionnel : droit fixe, 3 francs (Lois des 28 frim. an VII, art. 68, § 1, n° 36, et 28 avril 1816, art. 43).

Procuration des sous-officiers et soldats en retraite pour toucher leurs pensions : exemption (Décret du 21 décembre 1808).

Promesses d'indemnités indéterminées et non susceptibles d'estimation : droit fixe de 3 fr. (Lois des 22 frim. an VII, art. 68, § 1, n° 37, et 28 avril 1816, art. 43).

Prorogation de délai : droit proportionnel spécial de 0 fr. 20 0/0 sur le montant de la créance dont le terme d'exigibilité est prorogé (Loi du 28 avril 1893, art. 19).

Protêts et dénonciation de protêts : droit fixe de 1 franc (Loi du 28 avril 1893, art. 22).

Prud'hommes. Voyez *Exploits*.

Q

Quittance. Les quittances, remboursements ou rachats de rentes et redevances de toute nature, et tous actes et écrits portant libération de sommes et valeurs mobilières, sont sujets au droit de 0 fr. 50 0/0 sur le total des sommes ou capitaux dont le débiteur se trouve libéré (Loi du 22 frim. an VII, art. 14, n° 3 et 69, § 2, n° 11).

Il n'y a quittance que dans le cas où il y a transmission de propriété de la part de celui qui remet à celui qui reçoit. Si celui qui remet est un dépositaire, un détenteur, ce n'est plus une quittance, mais une décharge (Voir *Traité alphabétique,* v° *Quittance*, n° 1).

Quittance subrogative légale. On appelle quittance subrogative légale celle qui s'opère de plein droit en vertu de l'art. 1251 du Code civil : droit de 50 centimes 0/0.

Quittance subrogative conventionnelle. La quittance subrogative conventionnelle est celle qui résulte non de la loi, mais de la convention des parties. Le tarif est de 1 0/0 comme cession de créance (art. 1250 du C. civ.).

Quittance de prix de vente consentie dans l'acte même de vente entre les parties contractantes : exempte de droit comme disposition indépendante (Loi du 22 frim. an VII, art. 10).

Quittance de répartition, données par les créanciers au syndic ou au caissier de la faillite, en exécution de l'art. 561 du Code de commerce : taxe de 25 centimes 0/0 édictée par l'art. 16 de la loi du 26 janvier 1892.

Quittance de contributions et revenus payés à la nation, celles pour charges locales et celles des fonctionnaires et employés salariés de la République, pour leurs traitements et émoluments : exempte (Loi du 22 frimaire an VII, art. 70, § 3).

Jouissent encore de l'exemption en vertu du même article :

1° Les quittances des intérêts payés aux porteurs des inscriptions sur le grand livre de la dette publique ;

2° Les quittances et acquits délivrés par les titulaires des mandats et ordonnances de paiement sur les caisses publiques;

3° Les quittances relatives aux décharges, réductions, remises ou modérations d'impositions ;

4° Les quittances délivrées aux collecteurs, aux receveurs de deniers publics et de contributions locales ;

5° Les quittances de prêts et fournitures pour le service de terre et de mer ;

6° Et les quittances ou acquits de lettres de change, billets à ordre et autres effets négociables.

R

Ratifications pures et simples d'actes en forme : droit fixe de 3 fr. (Lois des 22 frimaire an VII, art. 68 ; 18 mai 1850, art. 10, et 28 février 1872, art. 4).

Réassurances. Voyez *Assurances*.

Récépissés. Les récépissés de pièces sont tarifés au droit fixe de 3 francs (Art. 68, § 1, n° 22 de la loi du 22 frim. an VII; art. 43, n° 8, de la loi du 28 avril 1816, et art. 4 de la loi du 28 février 1872).

Récépissés d'objets mobiliers. Constituent des actes innommés passibles du même droit fixe.

Récépissés de versement. Exempts (Loi du 22 frim. an VII, art. 70, § 3, n° 7).

Récépissés de sommes (Voir *Dépôt de sommes*).

Récolement. Mêmes droits que pour les inventaires.

Receveurs. Obligations des receveurs. Les actes doivent être enregistrés immédiatement. La quittance des droits doit être mise sur l'acte (Loi du 22 frim. an VII, art. 56 et 57).

Récoltes sur pied (Vente de) : droit proportionnel net de 2 0/0 comme pour les ventes de meubles.

Reconnaissances pures et simples : droit fixe de 3 francs (Lois des 22 frim. an VII, art. 68; 18 mai 1850, art. 10, et 28 février 1872, art. 4).

Reconnaissances d'enfants naturels par acte de mariage : droit fixe de 3 fr.; autrement que par acte de mariage, 7 fr. 50. (Lois des 28 avril 1816, art. 43 et 45, et 28 février 1872, art. 47. Un seul droit est exigible alors même que la reconnaissance s'appliquerait à plusieurs enfants naturels.

Reconnaissances d'enfants naturels appartenant à des indigents : gratis (Art. 77 de la loi du 15 mai 1818).

Recours en cassation. Voyez *Pourvoi*.

Réduction du gage hypothécaire : droit fixe de 5 fr. (Loi du 28 avril 1893, art. 20.

Réméré. Voyez *Retrait de réméré*.

Remise de dettes. Voir *Acceptilation*.

Renonciations à successions, legs, communautés, pures et simples, si elles ne sont pas faites en justice : droit fixe de 3 fr. (Lois des 22 frim. an VII, art. 68, § 1, n° 1 ; 18 mai 1850, art. 10, et 28 février 1872, art. 4).

Renonciations faites en justice par actes aux greffes des tribunaux civils : droit fixe de 4 f. 50 (Mêmes lois).

Il ne sera perçu qu'un seul droit fixe d'enregistrement pour chaque acte distinct de renonciation passé au greffe, quel que soit le nombre de renonçants et celui des successions répudiées. Il en sera de même pour les renonciations à communauté passées au greffe (Loi du 28 avril 1893, art. 25).

Rentes. Constitution de rentes à titre onéreux avec expression de capital : droit de 2 0/0 sur le capital constitué et aliéné (Loi du 22 frim. an VII, art. 14, nᵒˢ 6 et 69, § 5, nᵒ 2).

Pour les cessions ou transports desdites rentes, le droit de 2 0/0 se perçoit sur le même capital, quel que soit le prix stipulé pour le transport et l'amortissement (art. 14, nᵒ 7, de la loi du 22 frim. an VII).

Rentes. Création de rentes à titre gratuit, sans expression de capital. Le droit est assis sur un capital formé de vingt fois la rente perpétuelle, et de dix fois la rente viagère, d'après les tarifs des donations. Voir ce mot.

Pour les cessions ou transports desdites rentes, le droit de 2 0/0 se perçoit sur le même capital, quel que soit le prix stipulé (art. 14, nᵒ 9, de la loi du 22 frim. an VII).

Quand la constitution de rente est le prix d'un meuble ou d'un immeuble, c'est le droit de vente qui est exigible à 2 fr. ou à 5 fr. 50 0/0 (Inst. 1528-19).

Rentes. Rachat ou remboursement. Le droit est de 50 centimes 0/0. C'est une quittance (art. 69, § 2, nᵒ 11).

Rentes sur l'État. Les transmissions à titre onéreux sont exemptes de tout droit. Mais les transmissions à titre gratuit sont assujetties aux droits ordinaires (Loi du 18 mai 1850, art. 7). C'est le cours de la Bourse, au jour de la transmission, qui sert de base à la liquidation du droit. Quant aux tarifs, voir *Donations et successions*.

Résiliation de bail. Droit proportionnel de 20 centimes 0/0 sur les années restant à courir. Maximum, 3 francs. (Loi du 22 frim. an VII, art. 69, § 3, nᵒ 2; solutions 23 décembre 1868 et 17 juillet 1869.

Résiliements purs et simples par acte authentique dans les 24 heures de l'acte résilié : droit fixe de 3 fr. (Lois des 28 avril 1816, art. 43, et 28 février 1872, art. 4).

Dans ce cas, l'acte résilié n'en reste pas moins soumis au droit proportionnel (Inst. 1723-6).

Résolution volontaire. En principe la résolution volontaire donne ouverture au droit proportionnel. Ce droit est le même que celui qui a été perçu sur l'acte résilié par le motif que l'article 68, § 3, nᵒ 7 de la loi du 22 frim. an VII n'a édicté le droit fixe que pour les *jugements* portant résolution (Inst. 1347-4).

Résolution judiciaire. Le droit fixe est seul exigible sur les jugements des tribunaux civils, rendus en première instance ou sur appel, portant... résolution de contrat ou de clause de contrat pour *nullité radicale*. Le tarif est de 7 fr. 50 pour les jugements de première instance et de 25 francs pour les arrêts des cours d'appel (Loi du 26 janvier 1892, art. 17, nᵒˢ 4 et 8).

Résolution judiciaire. *Nullité relative.* Dans la nullité radicale, le juge déclare que le contrat n'a jamais existé. Dans la nullité relative, il résout le contrat; d'où un droit proportionnel. Le droit est celui du contrat résilié.

Le droit de transcription s'ajoute au droit d'enregistrement quand la résolution prononcée ne remonte pas, par ses effets, au jour du contrat.

Résolution judiciaire pour défaut de paiement du prix, lorsque l'acquéreur n'est pas entré en jouissance : droit fixe de 7 fr. 50 ou de 25 fr. selon que le jugement émane d'un tribunal civil ou d'une cour d'appel (Lois des 27 ventôse an IX, art. 12, et 26 janvier 1892, art. 17, nᵒˢ 4 et 8).

Résolution. Suppléments de droits sur l'acte annulé. L'administration ne peut, après l'annulation judiciaire d'un acte, réclamer un supplément quelconque sur l'acte annulé (Cass. 28 janvier 1890).

Restitution. Tout droit régulièrement perçu n'est pas restituable, sauf les exceptions prévues par la loi (Loi du 22 frim. an VII, art. 60).

Restitution. Adjudication judiciaire. Lorsque le prix ne dépasse pas 2,000 francs, les droits de timbre, d'enregistrement et d'hypothèques, applicables aux actes rédigés en exécution de la loi pour parvenir à l'adjudication sont restitués (Loi du 23 octobre 1884, art. 3).

Retour d'échange ou de partage. Voyez ces mots.

Rétractations et révocations : droit fixe de 3 fr. (Lois des 22 frim. an VII. art. 68, § 1, nᵒ 41, et 28 avril 1816, art. 43).

Retrait de réméré. Les retraits exercés en vertu de réméré par acte public dans les délais stipulés ou faits sous seing privé et présentés à l'enregistrement avant l'expiration de ces délais : droit proportionnel de 0 fr. 50 (Loi du 22 frim. an VII, art. 69, § 2, nᵒ 1).

En dehors de ces conditions, le droit de vente ordinaire est exigible (art. 69, § 7, nᵒ 6).

Rétrocession de baux. Voyez *Résiliation*.

Rétrocession de meubles : 2 0/0 (Loi du 22 frimaire an VII, art. 69, § 5, nᵒ 11).

Rétrocession d'immeubles : 5 fr. 50 0/0 (Lois des 22 fr. an VII, art. 69, § 7, nᵒ 1, et 28 avril 1816, art. 52). Voyez *Résolution*.

Réunion de la nue propriété à l'usufruit. Droit proportionnel, selon la nature du contrat, sur la valeur de la nue propriété (Loi du 22 fr. an VII, art. 15, nᵒ 8, 2ᵉ alinéa).

Réunion de l'usufruit à la nue propriété. Voyez *Usufruit*.

Revente. Voyez *Résolution, rétrocession et vente*.

Révocations : droit fixe, 3 francs (Lois du 22 frimaire an VII, art. 68, § 1, nᵒ 41, et 28 avril 1816, art. 43).

Rôles d'équipages et engagements de matelots et gens de mer, de la marine marchande et des armements en course. Exempts (Loi du 22 frimaire an VII, art. 70, § 13).

S

Saisies. En matière de saisie-exécution, saisie-brandon et saisie immobilière, il est dû un droit pour chaque séance ou vacation ayant date distincte. Le tarif est de 2 francs (Lois des 26 janvier 1892, art. 8, et 28 avril 1893, art. 22).

Scellés. Les procès-verbaux d'apposition, de reconnaissance et de levée de scellés : droit fixe de 3 francs par vacation (Loi du 28 avril 1893, art. 24).

En matière de faillite : droit fixe de 3 fr., quel que soit le nombre des vacations (Lois des 24 mai 1834, art. 11, et 28 février 1872, art. 4).

Séparation entre époux. Les jugements de séparation de biens entre époux, lorsqu'ils ne portent point condamnation de sommes ou valeurs ou lorsque le droit proportionnel ne s'élève pas à 22 fr. 50 : droit fixe, 22 fr. 50 (art. 17, n° 7 de la loi du 26 janvier 1892).

Les arrêts de cour d'appel portant séparation de corps entre époux : droit fixe, 37 fr. 50 (art. 17, n° 10 de la loi du 26 janvier 1892).

Serment. Voyez *Prestation de serment.*

Servitude. Constitution à titre onéreux : droit proportionnel de 5 fr. 50 0/0, puisque la servitude a un caractère immobilier (Inst. 1205-13; Garnier, n° 5, v° *servitude*).

Servitude. Constitution à titre gratuit. Le droit est assis sur la déclaration des parties d'après les tarifs des donations ou des successions, selon les cas (Loi du 22 fr. an VII, art. 15, n° 7).

Signification d'avoué à avoué pour l'instruction des procédures devant les tribunaux de première instance et les cours d'appel : exempte (Loi du 26 janvier 1892, art. 5).

Signification d'avocat à avocat dans les instances devant la Cour de cassation et au conseil d'État : droit fixe. 3 francs (Lois des 28 avril 1816, art. 44, n° 11; 19 février 1876, art. 2, et 28 avril 1893, art. 22).

Signification d'appel. Comme tous les autres exploits, les actes d'appel bénéficient de l'atténuation des tarifs concédée par les lois du 26 janvier 1892 et 28 avril 1893.

En conséquence, le droit est de 10 francs pour l'appel des jugements des tribunaux civils, de commerce et d'arbitrage;

De 5 francs pour l'appel des jugements de justice de paix en matière civile;

De 2 francs pour l'appel des sentences des conseils de prud'hommes;

De 1 franc pour les déclarations d'appel en matière correctionnelle ou de simple police, et pour l'appel des jugements en matière de contributions lorsque la cote ou la créance excède 100 francs.

Société. Les actes de formation, de prorogation de société, qui ne contiennent ni obligation, ni libération, ni transmission de biens meubles ou immeubles entre les associés ou autres personnes : droit proportionnel spécialde 0 fr. 20 0/0 (Loi du 28 avril 1893, art. 19).

Société. *Accroissement.* Voyez *Congrégations.*

Société. *Dissolution :* droit fixe, 7 fr. 50 (Lois des 22 frimaire an VII, art. 68, § 3, n° 4; 28 avril 1816, art. 45, n° 7, et 28 février 1872, art. 4).

Société. *Partage.* Le partage des biens acquis par la société, entre les associés, est tarifé au droit proportionnel spécial de 0 fr. 15 0/0; le droit proportionnel ordinaire est dû, si les biens sont attribués à un associé autre que celui qui les avait apportés à la société (Lois des 28 février 1872, art. 8, § 5, et 28 avril 1893, art. 19; Instr. 2673-8).

Société *de secours mutuels.* L'art. 11 du décret du 26 mars 1852 a exempté des droits de timbre et d'enregistrement tous les actes intéressant les sociétés de secours mutuels *approuvées.*

Cette exemption ne s'applique pas aux transmissions de biens (Décision ministérielle du 6 juillet 1852.

Sommation. Voyez *Exploits.*

Soultes. Voyez *Échange* et *partage.*

Soumissions et enchères, hors celles faites en justice, sur les objets mis ou à mettre en adjudication ou en vente, ou sur des marchés à passer, lorsqu'elles seront faites par actes séparés de l'adjudication : droit fixe, 3 fr. (Lois des 22 frimaire an VII, art. 68, § 1, n° 43; 18 mai 1850, art. 8, et 28 février 1872, art. 4).

Subrogation. Voyez *Quittance subrogative.*

Substitution. Les testaments portant legs d'immeubles grevés de substitution : droit fixe de 7 fr. 50 et droit de transcription de 1 fr. 50 0/0 sur la valeur des immeubles (art. 54 de la loi du 28 avril 1816, combiné avec l'art. 1069 du C. C.; Inst. 1844-17).

Succession. *Même tarif pour les meubles et les immeubles.*

Ligne directe : droit proportionnel de 1 0/0.

Entre époux : droit proportionnel de 3 0/0.

Entre frères, sœurs, neveux, nièces, oncles, tantes : droit proportionnel de 6 fr. 50 0/0.

Entre grands-oncles, grand'tantes, petits-neveux, petites-nièces, cousins germains : droit proportionnel de 7 0/0.

Au delà du quatrième degré jusqu'au douzième : droit proportionnel de 8 0/0.

Personnes non parentes : droit proportionnel de 9 0/0.

Ces tarifs ont été établis par les lois des 22 frimaire an VII, art. 69, § 3, n° 4; 28 avril 1816, art. 53; 21 avril 1832, art. 33, et 18 mai 1850, art. 10).

Succession. *Enfants naturels* appelés à la succession à défaut de parents au degré successibles : 9 0/0 (Loi du 28 avril 1816, art. 53).

Succession. *Époux survivant.* Quand l'époux survivant est appelé à la succession à défaut de parents au degré successible, le droit est également de 9 0/0 (même article de loi).

Succession. *Assiette du droit.* En fait de meubles, le droit est assis sur l'estimation faite par les parties ou sur le cours de la Bourse, quand les valeurs sont cotées à la Bourse.

Quant aux immeubles, la valeur imposable est obtenue par le revenu capitalisé par 20 pour les immeubles urbains et par 25 pour les immeubles ruraux.

T

Taxe *des frais de justice.* Loi du 26 janvier 1892.

Les trois premiers articles concernent la loi de finances.

ART. 4. — Suppression des droits de greffe.

ART. 5. — Sont dispensés du timbre et de l'enregistrement.

Les actes d'avoué à avoué devant les tribunaux civils et les cours d'appel, ainsi que les exploits de signification de ces mêmes actes.

Le bulletin n° 2 du casier judiciaire délivré aux particuliers est dispensé du droit de timbre. Le droit d'enregistrement est réduit à 0,20 centimes.

ART. 6. — Est réduit à 1 franc le droit d'enregistrement applicable aux exploits relatifs aux procédures en matière civile devant les juges de paix, jusques et y compris les significations des jugements définitifs.

ART. 7. — Est réduit d'un tiers le droit d'enregistrement des autres exploits relatifs aux instances suivies en matière civile ou commerciale, devant les conseils de prud'hommes, les tribunaux de première instance, les cours d'appel, depuis l'exploit introductif d'instance inclusivement jusques et y compris la signification à partie des jugements et arrêts.

La même réduction est applicable aux déclarations d'appel, dans les mêmes matières, faites autrement que par exploit.

Art. 8. — Est également réduit d'un tiers le droit d'enregistrement des autres exploits relatifs aux procédures d'ordre judiciaire, de contribution judiciaire et de vente judiciaire.

Art. 9. — Le droit d'enregistrement des actes de produit avec demande en collocation en matière d'ordre et de contribution judiciaires est réduit à 50 centimes.

Art. 10. — Sont affranchis de la formalité du timbre et de l'enregistrement, les actes rédigés en exécution des lois relatives aux faillites et liquidations judiciaires.

Art. 11.— Sont affranchies de la pluralité édictée par l'art. 11 de la loi du 22 frimaire an VII, dans les jugements et arrêts, les dispositions indépendantes et non sujettes au droit proportionnel. Aucun droit fixe ne pourra jamais être perçu sur un jugement ou arrêt renfermant une ou plusieurs dispositions sujettes au droit proportionnel.

Art. 12. — Sont affranchis des droits de toute nature les avis de parents de mineurs dont l'indigence est constatée conformément à la loi du 10 décembre 1850. Même dispense est concédée aux actes nécessaires pour la convocation et la constitution des conseils de famille et l'homologation des délibérations prises dans ces conseils dans le cas d'indigence des mineurs. Les personnes dont l'interdiction est demandée et les interdits sont dans les mêmes cas, assimilés aux mineurs.

Les articles 13 et 14 concernent le timbre.

L'article 15 a établi un droit proportionnel ou taxe de remplacement des droits supprimés ou réduits.

Les articles 16 et 17 déterminent le taux des différents droits fixes ou proportionnels exigibles sur les jugements, savoir :

§ 1er. Justice de paix et conseil des prud'hommes. Jugements de justice de paix : 1 0/0 sur le montant des condamnations et les intérêts (art. 16, § 4, no 1). 2 0/0 sur les dommages-intérêts en matière civile et de police (art. 16, § 6, no 2).

Minimum : 1 franc (art. 17, no 1).

Ce droit de 1 franc s'applique également aux procès-verbaux de conciliation et de non conciliation (même article).

§ 2. Tribunaux de première instance. Jugements préparatoires et interlocutoires : 4. 50 (art. 17, no 2).

Jugements définitifs : 2 0/0 sur le montant des condamnations ou liquidations et les intérêts (art. 16, § 6, no 1).

3 0/0 sur les dommages-intérêts (art. 16, § 7),

Minimum 7.50, en premier ou en dernier ressort (art. 17, no 4).

Adjudication. Pour les jugements ou procès-verbaux judiciaires portant adjudication de meubles ou d'immeubles, sur le prix augmenté de toutes les charges, dans lesquelles ne sont pas compris les droits dus sur le procès-verbal d'adjudication : 25 centimes 0/0. Ce droit est perçu indépendamment du droit de mutation. Les ventes

au-dessous de 2000 francs en sont exemptes (art. 15, nos 3 et 16, § 1, no 3).

Homologation. Pour les jugements prononçant l'homologation d'un partage ou d'un état liquidatif : 25 centimes sur l'actif net partagé ou liquidé. Ce droit est indépendant des droits auxquels les liquidations et partages sont assujettis (art. 15, no 5 et 16, § 1 no 2).

Décisions confirmant sur appel un jugement rendu en premier ressort : 50 centimes 0/0 (art. 16, § 2, no 1).

Débouté. Les jugements portant débouté de demande, quel que soit le ressort : 20 francs (art. 17, no 6).

Interdiction et séparation. Les jugements portant interdiction, séparation de corps ou de biens : 22.50 (art. 17, no 7).

Adoption et divorce. Les jugements déclarant qu'il y a lieu à adoption ou prononçant un divorce : 75 francs (art. 17, no 11).

Si le jugement prononçant le divorce n'est pas frappé d'appel, le droit de 150 francs sera perçu sur la première expédition, soit de la transcription, soit du dispositif du jugement, effectuée sur les registres de l'état civil (art. 17, no 12).

§ 3 Tribunaux de commerce. *Jugements interlocutoires ou préparatoires* : 4.50 (art. 17, no 2).

Jugements définitifs : 1.25 0/0 sur le montant des condamnations, et les intérêts (art. 15, § 5).

Minimum : 5 francs (art. 17, no 3).

Dommages-intérêts : 3 0/0 (art. 16, no 7).

§ 4. Cours d'appel. *Arrêts interlocutoires ou préparatoires* : 7.50 (art. 17, no 4).

Arrêts définitifs : En matière civile : 2 0/0 sur le montant des condamnations ou liquidations prononcées, et les intérêts (art. 16, § 6, no 1). Ce droit ne doit être perçu que sur les condamnations non obtenues en première instance. En matière commerciale : 1.25 0/0 (art. 16, § 5).

Dommages-intérêts : en matière civile ou commerciale : 3 0/0 (art. 16, § 7).

Minimum, 25 francs (art. 17, no 8).

Homologation. Arrêts homologuant un partage ou un état liquidatif : 25 centimes 0/0 (art. 16, § 5). Cet article stipule que les arrêts ne pourront jamais « donner ouverture à une double perception. »

Décisions confirmatives : 50 centimes 0/0 sur le montant des condamnations prononcées et les intérêts (art. 16, § 2, no 1).

Décisions infirmatives de jugements de débouté : 50 centimes 0/0 (art. 16, § 2, no 2).

Débouté. Arrêts portant débouté de demande : 30 francs (art. 17, no 9).

Interdiction. Séparation. Arrêts portant interdiction, séparation de biens ou séparation de corps : 37.50 (art. 17, no 10).

Adoption. Divorce. Arrêts confirmant une adoption ou prononçant un divorce : 150 francs (art. 17, no 12).

§ 5. Cour de cassation. L'ancienne législation a été maintenue. En conséquence, les arrêts interlocutoires ou préparatoires restent soumis au droit de 15 francs; et les arrêts définitifs, au droit de 37.50 (Lois des 28 avril 1816, art. 46, no 3, 47, no 3 et 28 février 1872, art. 4).

§ 6. Adjudications renvoyées devant notaire commis par justice. 25 centimes 0/0, sur le prix augmenté de toutes les charges, dans lesquelles ne sont pas compris les droits dus sur le procès-verbal d'adjudication (art. 15, n° 4; 16, § 3). Les ventes au dessous de 2000 en sont exemptes.

Ordres et contributions. Voir ces mots.

Faillites et liquidations judiciaires. Voir ces mots.

§ 7. Juridictions répressives.

Les actes et jugements restent soumis au droit de 1.50 au comptant ou en débet (Lois des 22 fr. an VII, art. 68, § 1, n° 48, et 19 février 1874, art. 2).

Dommages-intérêts. En matière de simple police : 2 0/0; en matière correctionnelle et criminelle : 3 0/0 (art, 16, §§ 6 et 7).

Taxe sur le revenu des valeurs mobilières. Voir impôt sur le revenu.

Testament. Les testaments et tous autres actes de libéralité qui ne contiennent que des dispositions soumises à l'événement du décès : 7.50 (Lois des 22 fr. an VII, art. 68, § 3, n° 5; 28 avril 1816, art. 45 et 28 février 1872, art. 4).

Taxe *de substitution.* Voir ce mot.

Titre (Droit de). Les jugements qui forment le titre d'un fait translatif sont soumis, de ce chef, au droit proportionnel suivant la nature du fait translatif, dont ils font titre (art. 69, § 2, n° 9 de la loi du 22 fr. an VII).

Titres nominatifs et au porteur. Voir droit de transmission.

Titres nouvels et reconnaissances de rentes dont les actes constitutifs ont été enregistrés : droit proportionnel spécial de 20 centimes 0/0, sur le capital des rentes (Loi du 28 avril 1893, art. 19).

Transactions. Droit fixe de 4 fr. 50, lorsqu'elles ne contiennent aucune stipulation de sommes et valeurs, ni dispositions soumises à un plus fort droit proportionnel (Lois des 28 avril 1816, art. 44 et 28 février 1872, art. 4).

Transport de créances. Voir cession de créances.

Transcription. Voyez *Actes de nature à être transcrits.*

Translation d'hypothèques. Droit fixe de 3 francs (Lois des 22 fr. an VII, art. 68, § 1, n° 51, 18 mai 1850, art. 8, et 28 février 1872, art. 4).

Tutelle. Voyez *Nominations de tuteurs.*

Tutelle officieuse (Acte de) : droit fixe de 75 fr. (Lois des 28 avril 1816, art. 48, et 28 février 1872, art. 4).

Voir *Taxe des frais de justice : Adoption.*

U

Unions et directions de créanciers : droit fixe de 4 fr. 50 (Lois des 22 fr. an VII, art. 68, § 3, n° 6, et 28 février 1872, art. 4). La loi du 26 janvier 1892 a passé sous silence l'Uunion des créanciers.

Usufruit *et nue propriété.*

§ 1. Nue propriété. En principe, lors de la première transmission de la nue propriété, l'impôt est perçu sur la valeur entière, comme pour la mutation de la pleine propriété (art. 14 et 15 de la loi du 22 fr. an VII).

I. Transmissions successives de la nue propriété pendant le démembrement. Par suite, les transmissions ultérieures ne doivent supporter les droits que déduction faite de l'usufruit, c'est-à-dire sur la moitié de la valeur estimative des

meubles, et sur le capital au denier dix ou douze et demi, s'il s'agit d'immeubles (Inst. n° 1816).

§ 2. Usufruit. *Transmission à titre onéreux.* La vente d'un usufruit est passible du droit de vente ordinaire sur le prix stipulé, d'après la nature des biens transmis (Cassation, 20 août 1806).

Transmission à titre gratuit. I. L'usufruit des biens meubles s'évalue à la moitié de la valeur entière de l'objet (Loi du 22 fr. an VII, art. 14, n° 11).

II. L'usufruit immobilier s'évalue à 10 ou 12 fois et demie le produit des biens ou le prix des baux, sans distraction des charges (Lois des 22 fr. an VII, art. 15, n° 8, et 21 juin 1875, art. 2).

Réunion d'usufruit à la nue propriété. La réunion de l'usufruit à la nue propriété est passible du droit fixe de 4 fr. 50 quand, lors du démembrement, le droit a été perçu sur la valeur entière; on y ajoute le droit de transcription à 1 fr. 50 0/0 quand ce droit n'a pas été perçu lors lors du démembrement (Loi du 22 frimaire an VII, art. 15, §§ 6 et 7).

Le bénéfice du paiement fait par anticipation profite non seulement au nu propriétaire et à ses ayants droit, mais aussi aux tiers acquéreurs (Rép. p. 6197).

Réunion de la nue propriété à l'usufruit. Lorsque l'usufruitier qui aura acquitté le droit d'enregistrement pour son usufruit acquerra la nue propriété, il paiera le droit d'enregistrement sur sa valeur, sans qu'il y ait lieu d'y joindre celle de l'usufruit (Loi du 22 fr. an VII, art 15, n° 18).

V

Vente *d'immeubles.* Les adjudications, ventes, cessions, rétrocessions et tous actes civils et judiciaires, translatifs de propriété ou d'usufruit de biens immeubles, sont assujettis au droit de 5.50 0/0, y compris le droit de transcription (Lois des 22 fr. an VII, art. 69, § 7, n° 1, et 28 avril 1816, art. 52).

Vente *d'immeubles et de meubles.* Le droit doit être perçu sur la totalité du prix au taux réglé pour les immeubles, à moins qu'il ne soit stipulé un prix particulier pour les objets mobiliers, et que ces objets ne soient désignés et estimés article par article dans le contrat (Loi du 22 fr. an VII, art, 9).

Vente *d'immeubles avec réserve d'usufruit au profit du vendeur.* Droit à 5.50 0/0 sur le prix augmenté de moitié (Loi du 22 fr. an VII, art. 15, n° 6).

Vente *d'immeubles situés à l'étranger ou dans les colonies où le droit d'enregistrement n'est pas établi.* Droit proportionnel spécial de 20 centimes 0/0 sur le prix exprimé, en y ajoutant toutes les charges (Loi du 28 avril 1893, art. 19).

Vente d'immeubles de l'Etat. Les ventes d'immeubles de l'Etat ne sont soumises qu'au droit de 2 0/0 (Lois des 26 floréal an X et 5 ventôse an XII).

Vente judiciaire d'immeubles. Voir *Restitution.*

Vente *publique de meubles.* Droit de 2 0/0 sur le total de la vente, augmenté des charges, quel que soit le nombre des séances (Loi du 22 pluviôse an VII, art. 6).

2

Vente aux enchères en gros, par le ministère des courtiers, des marchandises désignées dans un tableau annexé à la loi du 28 mai 1858, et de celles qui pourront y être ajoutées conformément à cette loi : droit proportionnel, 0 fr. 10 0/0 (Loi du 28 mai 1858, art. 4).

Vente aux enchères, par les courtiers de commerce, d'après l'autorisation du tribunal de commerce, et celles de même espèce faites dans les lieux où il n'y a pas de courtiers de commerce, par les commissaires-priseurs, les notaires, huissiers ou greffiers de justice de paix, et celles faites après faillite : droit proportionnel 0 fr. 50 0/0 (Lois des 15 mai 1818, art. 74 ; 24 mai 1834, art. 12, et 25 juin 1841, art. 7).

Vente de marchandises neuves garnissant un fonds de commerce vendues avec le fonds : droit proportionnel, 0 fr. 50 0/0, à condition qu'il sera stipulé pour elles un prix particulier et qu'elles seront désignées et estimées article par article ; sinon, c'est le droit de 2 0/0 (Loi du 28 février 1872, art. 7).

Vente *de bateaux* de toute nature servant à la navigation intérieure : droit fixe de 3 francs (Loi du 30 janvier 1893, art. 10).

Les mutations à titre gratuit sont soumises aux droits de donation et de succession conformément au droit commun.

Ventes ordinaires *de meubles, bois taillis et récoltes sur pied*. Droit proportionnel de 2 0/0 (Loi du 22 frimaire an VII, art. 69, § 5, n° 1).

Vente. *Actes de commerce* faits ou passés sous signature privée : Droit fixe de 3 francs. Les droits proportionnels sont perçus lorsqu'ils sont produits en justice, ou qu'un acte public est fait en conséquence (Loi du 11 juin 1859, art. 22).

Vente. *Marchandises avariées*. Voyez ce mot.

W

Warrants ou bulletins de gage des magasins généraux : droit proportionnel de 0 fr, 50 0/0 (art. 41 et 69, § 2, n° 6, de la loi du 22 frimaire an VII). Ils doivent être présentés à la formalité en même temps que les protêts auxquels ils donnent lieu ; jusque-là ils sont exempts de la formalité.

Warrants. *Endossement :* exempt de la formalité (Loi du 28 mai 1858).

NOTIONS GÉNÉRALES

SUR LES IMPOTS

DONT LE RECOUVREMENT EST CONFIÉ

A L'ADMINISTRATION DE L'ENREGISTREMENT, DES DOMAINES & DU TIMBRE

Avant d'exposer les principes généraux et fondamentaux qui gouvernent la perception des droits d'enregistrement, d'hypothèques, des taxes spéciales en matière de société et de timbre, il nous paraît nécessaire de jeter un rapide coup d'œil sur l'ensemble des impôts dont le recouvrement est confié à l'administration de l'enregistrement, des domaines et du timbre. Nous ne nous occuperons pas du domaine de l'Etat : cette partie des attributions de l'administration de l'enregistrement est complètement à part et n'intéresse que par hasard les officiers publics et ministériels. Nous porterons uniquement notre attention sur les produits de l'*enregistrement* et ceux du *timbre*.

Ce sont deux impôts entièrement différents, qui sont régis par des principes distincts : la loi fondamentale en matière d'enregistrement est la loi du 22 frimaire an VII, celle du timbre est la loi du 13 brumaire an VII.

Produits de l'enregistrement. L'enregistrement est une formalité qui consiste à transcrire sur un registre public, soit littéralement, soit par extrait, les actes civils (1), judiciaires (2) ou extrajudiciaires (3), et les déclarations de mutation, moyennant un droit perçu au profit du Trésor.

L'enregistrement est donc un impôt établi sur les actes, ou mieux, sur les conventions. M. Doumer n'a pas pu faire passer son impôt sur le revenu. Il faut bien que le contribuable soit appelé à contribuer par tous ses revenus atteints séparément. Le but à poursuivre n'est-il pas, en effet, de traiter également tous les revenus, de les appeler tous à concourir aux charges publiques et de supprimer les doubles emplois ? Donc le fisc guette toutes les manifestations de la fortune. Or, l'une de ces manifestations la moins équivoque est celle qui est produite par l'accroissement de fortune du redevable résultant d'une succession ou d'une donation. Aussi nous voyons déjà en droit romain la *vicesima hereditatum*. Elle traverse sans périr les révolutions ; nous la retouvons au moyen âge sous le nom de *centième denier* (4). De nos jours, le nom seul a changé : *les droits de succession* sont une ressource considérable pour nos budgets, ressource qu'on veut accroître encore.

Les droits d'enregistrement sont donc anciens. Ils se recommandent également par un caractère moral ou civil. Déjà dans l'ancien droit, *le contrôle* avait pour but de constater la date des actes, et *l'insinuation* avait pour but de rendre notoires, dans l'intérêt des tiers, les donations et les substitutions. Actuellement, l'enregistrement donne date certaine aux actes sous seing privé, exerce un contrôle sérieux sur les actes authentiques, et on lui reconnaîtrait facilement une grande supériorité sur les autres impôts si le but fiscal n'était venu effacer aux yeux du public le point de vue civil et moral.

Les droits d'enregistrement en effet sont exorbitants, surtout sur certains actes, sur les ventes par exemple, sur les actes judiciaires et extrajudiciaires, et ils contribuent à

---

(1) Les actes civils sont tous les actes amiables, soit sous seing privé, soit notariés, dressés dans un intérêt privé.

(2) Ce sont les actes dressés par le juge avec ou sans l'assistance du greffier. Ce sont encore certains actes des avoués.

(3) Cette locution comprend tous les actes des huissiers et les actes analogues de certains officiers, comme ceux des commissaires-priseurs, gardes forestiers, gendarmes.

(4) Le droit de centième denier était plus général que notre droit de succession. Il frappait toutes les mutations.

surélever les frais de justice. Aussi rejette-t-on souvent sur l'administration de l'enregistrement le discrédit qui atteint certains droits. L'administration n'a souvent qu'un seul tort : c'est de maintenir trop haut et trop ferme le drapeau qui lui est confié, et son commettant, le législateur, lui en fait un crime, et le contribuable, vexé par quelques petits procédés, vient à la recousse. On conçoit que ces droits, qui roulent sur l'interpretation d'une convention que l'on suppose à tort ou à raison dénaturée, exigent un certain doigté ; quoi qu'il en soit, l'administration de l'enregistrement recueille facilement, et presque sans poursuite, la somme énorme de 542,089,500 francs de produits d'enregistrement proprement dit, dont voici le détail :

Transmissions entre vifs à titre onéreux	162.951.600
Transmissions entre vifs à titre gratuit	29.913.400
Mutations par décès	189.826.700
Baux et antichrèses	8.188.800
Adjudications et marchés, obligations, cautionnements et libérations	42.341.100
Droits proportionnels sur les jugements et arrêts portant condamnations, collocations, liquidations, déboutés, rentes, partages, ordres, contributions, faillites, et liquidations judiciaires	10.270.200
Droits sur les actes énumérés dans l'article 1er de la loi du 28 février 1872	15.735.600
Droits fixes proprement dits	29.129.000
Droits et demi-droits en sus	4.293.100
Droits et frais de greffe	150,000
Droits d'hypothèques	6.084.200
Amendes	1.234.600
Assurances maritimes	282.500
Transmission de titres de sociétés	42.173.900
Taxe représentative du droit d'accroissement	1.500.000
Perceptions diverses	1.014.800
Total	542.089.500

Les droits d'enregistrement sont *fixes* ou *proportionnels* (1).

Droits fixes. Les droits fixes frappent les actes qui ne sont pas soumis au droit proportionnel, c'est-à-dire qui n'emportent ni transmission, ni obligation, ni libération, et ceux que n'atteint pas la taxe des frais de justice.

Le droit fixe devrait être le simple salaire de la formalité et ne comporter qu'un seul taux pour tous les actes qui y sont soumis ; mais les nécessités budgétaires ont amené rapidement une véritable échelle de droits et même une scission des droits fixes. Actuellement, les droits fixes se divisent en deux catégories. On distingue les actes soumis au *droit proportionnel spécial,* véritable droit fixe, qui obéit aux principes du droit fixe, et les *droits fixes proprement dits*.

Dans la première catégorie il faut ranger les droits sur les actes énumérés dans l'article 1er de la loi du 28 février 1872, dont le produit est de 15.735.600 fr.

Ce sont certains actes pour lesquels la loi tient compte, pour la liquidation des droits d'enregistrement, de l'importance des valeurs qu'ils contiennent :

Les actes de formation et de prorogation de *société ;* les actes translatifs de propriété, d'usufruit ou de jouissance de biens *immeubles situés en pays étranger* ou dans les colonies françaises dans lesquels le droit d'enregistrement n'est pas établi ; les actes ou procès-verbaux de vente de marchandises avariées par suite d'événements de mer et de débris de navires naufragés ; les contrats de mariage ; les partages ; les délivrances de legs ; les mainlevées ; les prorogations de délai ; les adjudications et marchés dont le prix doit être payé directement par le Trésor public, et les cautionnements de ces marchés ; les titres nouveaux et reconnaissances de rente dont les actes constitutifs ont été enregistrés.

La seconde catégorie comprend les droits fixes proprement dits, 26.129.000 fr.

Les actes de la première catégorie sont ceux qui étaient autrefois assujettis au droit gradué et que la loi du 28 avril 1893 a soumis au droit proportionnel spécial par son article 1er : « Sont soumis au droit proportionnel les actes désignés dans l'article 1er de la loi du 28 février 1872.

« Le droit sera liquidé sur les sommes ou valeurs actuellement passibles du droit fixe gradué. »

La quotité en est fixée à 0,15 0/0 pour les partages, et à 0,20 0/0 pour les autres actes.

Pour les actes de la seconde catégorie, la loi ne tient aucun compte des valeurs qu'ils pourraient contenir. Ces droits varient depuis 0 fr. 15 jusqu'à 150 fr. A défaut d'indication de tarif, le droit est de 3 fr. (3 fr. 75 avec les décimes.)

Droits proportionnels.

La commission, dit le rapporteur de la loi du 22 frimaire an VII, s'est attachée à ce principe que tout ce qui *n'oblige, ne libère* ni *ne transmet,* ne peut donner lieu au droit proportionnel.

L'article 4 de la même loi énumère les faits juridiques sur lesquels est établi le droit pro-

---

(1) Art. 2 de la loi fondamentale du 22 frimaire an VII.

portionnel (1). Ces faits peuvent être ramenés à trois chefs :

1º Transmission soit de propriété, soit de jouissance, de biens meubles ou de biens immeubles ;

2º Obligation ou libération de sommes et valeurs ;

3º Taxes des frais de justice.

1º *Chef d'exigibilité du droit proportionnel : Transmission de la propriété ou de la jouissance.* — La transmission nous apparaît comme, pour ainsi dire, la caractéristique du droit proportionnel. Le droit proportionnel atteint les actes translatifs ; le droit fixe, les actes purement déclaratifs. Le droit proportionnel, en effet, frappe l'accroissement de fortune du contribuable. Il est payable par l'acheteur, par le donataire, par l'héritier au moment de la transmission ou de la mutation ; aussi est-t-il payé très facilement. Ce chef comprend :

Transmissions entre vifs à titre
onéreux 162.931.600
Transmissions entre vifs à titre
gratuit 29.913.400
Mutations par décès 189.826.700

Total 382.691.700

2º *Chef d'exigibilité du droit proportionnel : obligations ou libérations de sommes et valeurs.*

Ce n'est pas toute obligation ou libération qui est imposée au droit proportionnel, ce sont seulement les obligations ou libérations de sommes et valeurs. Cette expression *sommes* et *valeurs* est fréquente dans la loi fiscale ; il importe de la définir.

Le mot *somme* désigne une quantité d'espèces monétaire.

Le mot *valeur* désigne les choses fongibles, c'est-à-dire celles qui dans l'usage s'apprécient au compte, au poids ou à la mesure, comme le blé, le vin, l'huile, etc. Ces sortes de choses, à raison de la facilité de leur échange, s'apprécient facilement en argent ; dans les stipulations, elles peuvent, comme la monnaie, jouer le rôle de mesure et d'équivalent. Il y a donc lieu, en général, d'assimiler les conventions ayant pour objet des valeurs aux stipulations de sommes d'argent.

Le législateur a vu d'un œil plus favorable la libération que l'obligation du débiteur ; aussi il a tarifé la première au droit de 0 fr. 50 0/0, frappant la seconde d'un droit de 1 0/0.

Ce deuxième chef comprend : les adjudica-

tions et marchés, obligations, cautionnements et libérations. — 42.341.100 fr.

3º *Chef d'exigibilité du droit proportionnel : Taxe des frais de justice.* En remplacement des impôts qu'elle supprime ou qu'elle réduit, et des droits proportionnels de condamnation (2), collocation (3) ou liquidation (4), la loi du 25 janvier 1892 a institué une taxe proportionnelle, dont la quotité varie de 0 fr. 25 à 3 fr. 0/0 suivant le degré de la juridiction et la nature des actes ou décisions qui y sont assujettis.

Cette taxe de remplacement, à laquelle la qualification de *taxe de frais de justice* a été donnée au cours des travaux préparatoires de la loi de 1892, a une portée bien plus étendue que l'ancien droit de condamnation et de liquidation. Elle comprend les condamnations, collocations, liquidations, déboutés, ventes, partages, ordres, contributions, faillites et liquidations judiciaires, dont le *produit est de* 10.270.200 fr.

On voit par ces notions générales que la perception du droit fixe est très simple ; il n'en est pas de même de la perception du droit proportionnel, et il est utile d'entrer dans quelques détails :

Mode de calcul du droit proportionnel. Il n'y a pas de fraction de centime dans la liquidation du droit proportionnel. Lorsqu'une fraction de somme ne produit pas un centime de droit, le centime est perçu au profit de la République.

La perception du droit proportionnel suit les sommes de vingt francs en vingt francs, inclusivement et sans fraction (5).

Minimum du droit proportionnel. Il ne peut être perçu moins de 0 fr. 25 pour l'enregistrement des actes et mutations dont les sommes et valeurs ne produiraient pas 0 fr. 25 de droit proportionnel.

Cependant, comme un même acte peut contenir diverses dispositions dites *indépendantes,*

---

(1) Le droit proportionnel varie depuis 0 fr. 10 0/0 jusqu'à 9 0/0, suivant que la situation du contribuable est vue par le législateur d'un œil plus ou moins favorable : ainsi celui qui paie le droit le plus élevé est le légataire non parent du défunt. Il est juste, en effet, de frapper plus lourdement les *dons de fortune.*

(2) La *condamnation* est la sentence du juge.

(3) La *collocation* est une espèce de liquidation particulière à la procédure de distribution par contribution et à la procédure d'ordre (C. proc., art. 660, 754).

On appelle *contribution* la procédure consistant à fixer la somme à prélever sur le prix des meubles pour les créanciers privilégiés, celles à distribuer au marc le franc entre les créanciers chirographaires, le montant de la créance de chacun d'eux et enfin le dividende ou la somme que chacun doit recevoir.

La procédure instituée pour déterminer quels créanciers ont un droit de préférence sur le prix des immeubles et dans quel rang ils seront colloqués et payés s'appelle l'*ordre.*

(4) La *liquidation* est la détermination des droits d'une partie, soit qu'il y ait ou non contestation sur le fond de droit.

(5) C'est-à-dire que si la valeur soumise au droit proportionnel n'est pas un multiple exact de 20, on doit calculer le droit sur le multiple de 20 immédiatement supérieur.

il n'est pas dû 0 fr. 25 au minimum pour chaque disposition de l'acte, mais bien pour l'ensemble de l'acte.

Vente simultanée de meubles et d'immeubles. Lorsqu'un acte translatif de propriété ou d'usufruit comprend des meubles et immeubles, le droit d'enregistrement est perçu sur la totalité du prix, au taux réglé pour les immeubles, à moins qu'il ne soit stipulé un prix particulier pour les objets mobiliers, et qu'ils ne soient désignés et estimés, article par article, dans le contrat (1).

Cette disposition a pour but d'empêcher la fraude que les parties eussent été tentées de commettre en donnant aux meubles une valeur exagérée. Elle est d'une application très fréquente dans la pratique. Il est bon de rappeler que les deux conditions exigées : prix particulier pour les objets mobiliers et désignation et estimation article par article, sont absolument nécessaires.

Théorie des dispositions dépendantes et indépendantes. Les articles 10 et 11 de la loi du 22 frimaire an VII contiennent l'un des principes les plus importants de notre législation fiscale. L'article 11 est ainsi conçu : « Mais lorsque dans un acte quelconque, soit civil, soit judiciaire ou extrajudiciaire, il y a plusieurs dispositions indépendantes ou ne dérivant pas nécessairement les unes des autres, il est dû pour chacune d'elles et selon son espèce un droit particulier. La quotité en est déterminée par l'article de la présente dans lequel la disposition se trouve classée ou auquel elle se rapporte. »

Pour mieux atteindre son but, le législateur a pris soin d'indiquer lui-même par un exemple *a contrario* ce que l'on devait entendre par disposition indépendante.

L'article 10, en effet, qui précède l'article 11 et dont celui-ci forme la contre-partie s'exprime ainsi : « Dans le cas de transmission de bien, la quittance donnée ou l'obligation consentie par le même acte, pour tout ou partie du prix, entre les contractants, ne peut être sujette à un droit particulier d'enregistrement. »

La loi du 26 janvier 1892 a introduit une exception à cette règle : « Sont affranchies de la pluralité édictée par l'article 11 de la loi du 22 frimaire an VII, dans les jugements et arrêts, les dispositions indépendantes et non sujettes au droit proportionnel. »

Aucun droit fixe ne pourra jamais être perçu sur un jugement ou un arrêt renfermant une ou plusieurs dispositions passibles du droit proportionnel.

Des valeurs sur lesquelles le droit proportion-

---

(1) **Art.** 9 de la loi du 22 frimaire an VII.

nel est assis. La perception de l'impôt de l'enregistrement soulève les questions suivantes :

I. Un droit est-il exigible ?

II. A quel taux ou à quelle quotité ce droit est-il fixé ?

III. S'il s'agit d'un droit proportionnel, comment ce droit sera-t-il liquidé ?

Exigibilité, fixation, liquidation, voilà les trois termes des opérations.

Le Code civil détermine l'exigibilité du droit.

La loi du 22 frimaire fixe la quotité des droits fixes et proportionnels dans les articles 68 et 69.

Les règles de la liquidation sont énoncées dans les articles 14 et 15 que nous allons analyser.

Liquider un droit, c'est rechercher quelle somme on doit multiplier par la quotité du droit proportionnel exigible. La valeur de la propriété, de l'usufruit et de la jouissance des biens *meubles* est déterminée pour la liquidation et le paiement du droit proportionnel, ainsi qu'il suit, savoir :

1º *Baux.* Pour les baux et locations, par le prix annuel exprimé, en y ajoutant les charges imposées au preneur.

Cet article a été complété par l'article 1er de la loi du 16 juin 1824, ainsi conçu :

« Les baux à ferme ou à loyer de biens meubles ou immeubles, les baux de pâturage et nourriture d'animaux, les baux à cheptel ou reconnaissance de bestiaux, et les baux ou conventions pour nourriture de personnes, lorsque la durée est limitée, ne seront désormais soumis qu'au droit de vingt centimes par cent francs, sur le prix cumulé de toutes les années.

2º *Obligations et cessions de créances.* Pour les créances à terme, leurs cessions et transports et autres actes obligatoires, par le capital exprimé dans l'acte et qui en fait l'objet.

Néanmoins le droit se liquide non sur le capital nominal, mais sur le prix exprimé lorsque la cession est faite soit à la barre du tribunal, soit devant un notaire commis, soit même devant un notaire non commis, lorsque la vente a été autorisée par le juge.

3º *Quittances.* Pour les quittances et tous autres actes de libération, par le total des sommes ou capitaux dont le débiteur se trouve libéré.

Ainsi le droit est dû non pas seulement sur la somme payée dans l'acte de libération, mais sur le total des sommes dont le paiement est constaté dans la quittance.

4º *Marchés.* Pour les marchés et traités, par le prix exprimé ou l'évaluation qui est faite des objets qui en sont susceptibles.

5º *Ventes.* Pour les ventes et autres transmissions à titre onéreux, par le prix exprimé et le capital des charges qui peuvent s'ajouter au prix.

Exception commune aux marchés et aux ventes de meubles : Les marchés et traités sous seing privé réputés actes de commerce sont provisoirement enregistrés au droit fixe, sauf la perception du droit proportionnel si un jugement intervient sur ces traités ou marchés ou s'il en est fait usage dans un acte public.

6º *Rentes créées avec expression de capital.* Pour les créations de rentes, soit perpétuelles, soit viagères ou de pensions, aussi à titre onéreux, par le capital constitué et aliéné.

7º *Cessions de rentes constituées avec expression de capital.* Pour les cessions ou transports desdites rentes ou pensions, et pour leur amortissement ou rachat, par le capital constitué, quel que soit le prix stipulé pour le transport ou l'amortissement.

8º *Transmission de biens meubles à titre gratuit.* Pour la transmission entre vifs à titre gratuit, et celles qui s'opèrent par décès, par la déclaration estimative des parties, sans distraction des charges.

Néanmoins « le capital servant à la liquidation du droit d'enregistrement des rentes sur l'Etat, fonds publics et actions des compagnies ou sociétés d'industrie ou de finances, français ou étrangers, sera déterminé par le cours moyen de la Bourse au jour de la transmission, s'il s'agit de valeurs cotées à la Bourse (1). »

9º *Création de rentes à titre gratuit. Transport desdites rentes.* Pour les rentes et pensions créées sans expression de capital, leurs transports et amortissements, à raison d'un capital formé de vingt fois la rente perpétuelle et de dix fois la rente viagère ou la pension, et quel que soit le prix stipulé pour le transport ou l'amortissement.

Il ne sera fait aucune distinction entre les rentes viagères et pensions créées sur une tête et celles créées sur plusieurs têtes quant à l'évaluation.

Les rentes et pensions stipulées payables en nature sont évaluées aux mêmes capitaux, estimation préablement faite des objets d'après la déclaration des parties.

10º *Jugements.* Pour les actes et jugements portant condamnation, collocation, liquidation ou transmission, par le capital des sommes et les intérêts liquidés.

Il faut soigneusement distinguer, pour la liquidation du droit proportionnel de condamnation, trois hypothèses.

1re *hypothèse. Condamnation à des dommages-intérêts.* Le droit proportionnel sera payé aux taux fixés ci-après :

2 fr. pour 100 fr. les dommages-intérêts pro-

noncés par le juge de paix en matière civile et de police et par les conseils de prudhommes ;

3 fr. pour 100 fr. les dommages-intérêts prononcés par les tribunaux de première instance, les arbitres et les cours d'appel en matière civile ou commerciale et les juridictions criminelles ou correctionnelles.

2e *hypothèse. Droit de titre.* Lorsqu'une condamnation est rendue sur une demande non établie par un titre enregistré et susceptible de l'être, le droit auquel l'objet de la demande aurait donné lieu s'il avait été convenu par acte public sera perçu indépendamment du droit dû pour l'acte ou le jugement qui aura prononcé la condamnation.

3e *hypothèse. Droit de condamnation proprement dit.* Un droit proportionnel est perçu, savoir :

1º Pour les jugements, sentences d'arbitres et arrêts des cours d'appel, sur le montant des condamnations ou liquidations prononcées et les intérêts ;

2º Pour les ordres et contributions, faillites et liquidations judiciaires sur le montant des sommes mises en distribution ;

3º Pour les jugements ou procès-verbaux judiciaires portant adjudication de meubles ou d'immeubles, sur le prix augmenté de toutes les charges, dans lesquels ne seront pas compris les droits dus sur le jugement d'adjudication ;

4º Pour les adjudications de meubles ou d'immeubles renvoyées devant notaire commis par décision de justice, sur le prix augmenté de toutes les charges, dans lesquelles ne seront pas compris les droits dus sur le procès-verbal d'adjudication;

5º Pour les jugements et arrêts prononçant l'homologation d'un partage ou d'un état liquidatif, sur l'actif net partagé ou liquidé.

Toutefois, lorsque les états liquidatifs ou partages comprendront des prix de meubles ou d'immeubles ayant supporté le droit proportionnel prévu aux numéros 3 et 4 ci-dessus, ces prix devront être déduits de l'actif net qui sert de base à la perception des droits prévus par le § 5.

11º *Usufruit.* L'usufruit transmis à titre gratuit s'évalue à la moitié de la valeur entière de l'objet.

12º *Immeubles.* La valeur de la propriété, de l'usufruit et de la jouissance des immeubles, est déterminée pour la liquidation et le paiement du droit proportionnel, ainsi qu'il suit, savoir :

1º *Bail ordinaire.* Pour les baux à ferme ou à loyer, les sous-baux, cessions et subrogations de baux, par le prix annuel exprimé, en y ajoutant les charges imposées au preneur.

Les baux à ferme ou à loyer des biens immeubles, lorsque la durée sera limitée, ne seront

____

(1) Art. 7 de la loi du 18 mai 1850.

assujettis qu'au droit de vingt centimes pour cent francs, sur le prix cumulé de toutes les années.

Le droit sera exigible lors de l'enregistrement ou de la déclaration ; toutefois, si le bail est de plus de trois ans et si les parties le requièrent, le montant du droit pourra être fractionné en autant de paiements égaux qu'il y aura de périodes triennales dans la durée du bail. Le paiement des droits afférents à la première période sera seul acquitté au moment de l'enregistrement ou de la déclaration, et celui des périodes subséquentes aura lieu dans le premier mois de l'année qui commencera chaque période.

Si le bail est stipulé payable en nature, il en sera fait une évaluation.

Il en sera de même des baux à portion de fruits, pour la part revenant au bailleur, dont la quotité sera préalablement déclarée et sur la valeur de laquelle le droit d'enregistrement sera perçu.

2º *Baux à rentes perpétuelles. Baux à durée illimitée.* Pour les baux à rentes perpétuelles et ceux dont la durée est illimitée, par un capital formé de vingt fois ou vingt-cinq fois (pour les biens ruraux) la rente ou le prix annuel, et les charges aussi annuelles, en y ajoutant également les autres charges en capital et les deniers d'entrée s'il en est stipulé.

Les objets en nature s'évaluent comme ci-dessus.

3º *Baux à vie.* Pour les baux à vie, sans distinction de ceux faits sur une ou plusieurs têtes, par un capital formé de 10 (ou 12 fois 1/2) le prix et les charges annuels, en y ajoutant de même le montant des deniers d'entrée et des autres charges, s'il s'en trouve d'exprimées.

4º *Échanges.* Pour les échanges, par une évaluation qui doit être faite en capital, d'après le revenu annuel multiplié par 20 ou 25, sans distraction de charges. Le droit sera perçu sur la valeur de l'une des parts, lorsqu'il n'y aura aucune soulte ou plus-value. — S'il y a soulte ou plus-value, le droit sera payé à raison de 3 fr. 50 sur la moindre portion et comme pour vente sur la soulte ou la plus-value.

Dans le but de favoriser les échanges des propriétés rurales, la loi du 3 novembre 1884 a abaissé à 0 fr. 20 0/0 le droit de 3 fr. 50 pour les échanges d'immeubles ruraux, lorsque les immeubles échangés sont situés dans la même commune ou dans des communes limitrophes. En dehors de ces limites, le tarif ainsi fixé ne sera applicable que 1º si l'un des immeubles échangés est contigu aux propriétés de celui des échangistes qui le recevra, et 2º dans les cas seulement où ces immeubles auront été acquis par les contractants par acte enregistré depuis plus de deux ans, ou recueillis à titre héréditaire.

Dans tous les cas, le contrat d'échange renfermera l'indication de la contenance, du numéro de la section, du lieudit, de la classe, de la nature et du revenu du cadastre de chacun des immeubles échangés, et un extrait de la matrice cadastrale desdits biens, qui sera délivré gratuitement soit par le maire, soit par le directeur des contributions directes et sera déposé au bureau de l'enregistrement.

Le droit de vente de 5.50 0/0 sera payé sur le montant de la soulte ou de la plus-value.

5º *Engagements.* Pour les engagements, par les prix et sommes pour lesquels ils sont faits.

6º *Cession à titre onéreux.* Pour les rentes, adjudications, cessions, rétrocessions, licitations, et tous autres actes civils ou judiciaires portant translation de propriété ou d'usufruit à titre onéreux, par le prix exprimé, en y ajoutant toutes les charges en capital, ou par une estimation d'experts, dans le cas autorisé par la présente.

Si l'usufruit est réservé par le vendeur, il sera évalué à la moitié de tout ce qui forme le prix du contrat, et le droit sera perçu sur le total ; mais il ne sera dû aucun droit pour la réunion de l'usufruit à la nue propriété : cependant, si elle s'opère par un acte de cession, et que le prix soit supérieur à l'évaluation qui en aura été faite pour régler le droit de la translation de propriété, il est dû un droit, par supplément, sur ce qui se trouve excéder cette évaluation. Dans le cas contraire, l'acte de cession est enregistré par le droit fixe.

7º *Cession à titre gratuit.* Pour les transmissions de propriété entre vifs à titre gratuit, et celles qui s'effectuent par décès, par l'évaluation qui sera faite et portée à 20 ou 25 fois le produit des biens, ou le prix des baux courants, sans distraction des charges. — Il ne sera rien dû pour la réunion de l'usufruit à la propriété, lorsque le droit d'enregistrement aura été acquitté sur la valeur entière de la propriété.

8º *Transmissions d'usufruit à titre gratuit.* Pour les transmissions d'usufruit, soit entre vifs, à titre gratuit, soit par décès, par l'évaluation qui en sera portée à 10 ou 12 fois 1/2 le produit des biens ou le prix des baux courants, aussi sans distraction des charges.

Lorsque l'usufruitier qui aura acquitté le droit d'enregistrement pour son usufruit acquerra la nue propriété, il payera le droit d'enregistrement sur la valeur, sans qu'il y ait lieu de joindre celle de l'usufruit.

Nécessité de la détermination des valeurs par la déclaration des parties. Si les sommes et valeurs ne sont pas déterminées dans un acte ou un jugement donnant lieu au droit proportionnel, les parties seront tenues d'y suppléer, avant l'enregistrement, par une déclaration estimative, certifiée et signée au pied de l'acte.

Des délais pour l'enregistrement des actes et déclarations.

Les délais pour faire enregistrer les actes publics sont, savoir :

De 24 heures (1), pour les déclarations ou élections de command ou d'ami, lorsque la faculté d'élire un command a été réservée dans l'acte d'adjudication ou le contrat de vente, et que la déclaration est faite par acte public (L. 22 frimaire an VII, § 1er, no 24, et Loi du 28 avril 1816, art. 44).

De 3 jours, pour les procès-verbaux en matière de roulage, lesquels doivent être enregistrés en débet.

De 4 jours, pour les actes des huissiers et autres ayant pouvoir de faire des exploits et procès-verbaux.

Pour les protêts par les notaires.

Pour les procès-verbaux des gendarmes, de nature à donner lieu à des poursuites judiciaires, s'il se trouve un bureau au lieu de leur résidence. Autrement le ministère public est chargé de l'enregistrement.

Pour les procès-verbaux en matière forestière et de pêche fluviale, le délai part du jour de l'affirmation.

De 8 jours, pour le paiement de la taxe de 0 fr. 25 par les syndics de faillite ou liquidateurs judiciaires, à compter du jour où la répartition aura été ordonnée, sous peine d'en demeurer personnellement débiteurs (Loi du 26 janvier 1892, art. 16, § 1er, no 1).

De 10 jours, pour les actes des notaires qui résident dans la commune où le bureau d'enregistrement est établi.

Pour les procès-verbaux des ventes publiques de marchandises par les courtiers.

De 15 jours, pour les actes des notaires qui ne résident pas dans la commune ou le bureau d'enregistrement est établi ;

Pour les baux des hospices et autres établissement, le délai ne court que du jour de l'approbation.

Pour les procès-verbaux des vérificateurs de poids et mesures, le délai court de la date de l'affirmation.

De 20 jours, pour les actes judiciaires.

Pour les actes des préfets, sous-préfets et maires assujettis à la formalité de l'enregistrement ; — Le délai ne court que du jour de l'approbation et même de la réception de cette approbation.

Pour les actes des notaires soumis à l'approbation des autorités administratives ; — Le délai ne part que du jour de cette approbation.

De 3 mois, pour les testaments déposés chez les notaires ou par eux reçus. — Le délai court du décès du testateur. — Ils sont enregistrés à la diligence des héritiers, donataires ou exécuteurs testamentaires.

Pour les actes sous seing privé portant transmission de propriété, d'usufruit ou de jouissance de biens immeubles ; — A défaut d'actes, il y est suppléé par des déclarations détaillées et estimatives dans les trois mois de l'entrée en possession (2).

Pour les actes sous signatures contenant mutation de propriétés de fonds de commerce ou de clientèle. — A défaut d'actes constatant la mutation, il y est suppléé par des déclarations détaillées et estimatives faites au bureau de l'enregistrement de la situation des fonds de commerce ou de clientèle, dans les trois mois de l'entrée en possession (2).

Il n'y a point de délai de rigueur pour l'enregistrement de tous autres actes que ceux mentionnés ci-dessus, qui seront faits sous seing privé ou passés en pays étranger, et dans les îles ou colonies françaises où l'enregistrement n'aurait pas encore été établi ; mais il ne pourra en être fait aucun usage, soit par acte public, soit en justice, ou devant toute autre autorité constituée, qu'ils n'aient été préalablement enregistrés.

De 6 mois, pour les déclarations que les héritiers, donataires ou légataires ont à passer des biens à eux échus ou transmis par décès, lorsque celui dont on recueille la succession est décédé en France.

De 8 mois, s'il est décédé dans tout autre partie de l'Europe ;

D'une annnée, s'il est mort en Amérique,

Et de 2 *années*, si c'est en Afrique ou en Asie.

Le délai de *six mois* ne courra que du jour de l'envoi en possession provisoire, pour la succession d'un absent.

Si, avant les six derniers mois des délais fixés par les déclarations des successions des personnes décédées hors de France, les héritiers prennent possession des biens, il ne restera d'autre délai à courir, pour passer déclaration, que celui de six mois à compter du jour de la prise de possession.

---

(1) Le jour de la date de l'acte ou celui de l'ouverture de la succession ne sera pas compté. Si le dernier jour du délai se trouve un dimanche ou un jour férié, il ne sera pas compté non plus.

(2) Quant aux mêmes actes passés en pays étranger ou dans les îles ou colonies françaises où l'enregistrement n'aurait pas encore été établi, s'ils sont faits en Europe, le délai est de six mois ; en Amérique, 1 an ; en Asie et Afrique, 2 ans.

Dans les délais fixés par les articles précédents pour l'enregistrement des actes et des déclarations, le jour de la date de l'acte, ou celui de l'ouverture de la succession, ne sera pas compté. Si le dernier jour est un dimanche ou un jour férié, ces jours-là ne seront pas comptés non plus.

Des bureaux où les actes et mutations doivent être enregistrés.

Actes des officiers publics et ministériels. — Les notaires ne pourront faire enregistrer leurs actes qu'aux bureaux dans l'arrondissement desquels ils résident (1).

Les huissiers et tous autres ayant pouvoir de faire des exploits, procès-verbaux ou rapports, feront enregistrer leurs actes, soit au bureau de leur résidence, soit au bureau du lieu où ils les auront faits.

Les greffiers et les secrétaires généraux des préfectures, les sous-préfets et les maires feront enregistrer les actes qu'ils sont tenus de soumettre à cette formalité aux bureaux dans l'arrondissement desquels ils exercent leurs fonctions.

Actes sous seing privé. — Les actes sous seing privé, et ceux passés en pays étrangers, pourront être enregistrés dans tous les bureaux indistinctement.

Mutations par décès : 1° Immeubles. — Les mutations de propriété ou d'usufruit *par décès* seront enregistrées au bureau de la situation des biens.

Les héritiers, donataires ou légataires, leurs tuteurs ou curateurs, seront tenus d'en passer déclaration détaillée et de la signer sur le registre.

2° *Meubles.* — S'il s'agit d'une mutation, au même titre, de biens meubles (2), la déclaration en sera faite au bureau dans l'arrondissement duquel ils se seront trouvés au décès de l'auteur de la succession.

Les rentes et les autres biens meubles, sans assiette déterminée lors du décès, seront déclarés au bureau du domicile du décédé (3).

Les héritiers, légataires ou donataires rapporteront, à l'appui de leurs déclarations de biens meubles, un inventaire ou état estimatif, article par article, par eux certifié, s'il n'a pas été fait par un officier public ; cet inventaire sera déposé et annexé à la déclaration, qui sera reçue et signée sur le registre du receveur de l'enregistrement.

Du paiement des droits, et de ceux qui doivent les acquitter.

Paiement des droits. — Les droits des actes et ceux des mutations par décès seront payés avant l'enregistrement, aux taux et quotités réglés par la présente.

Nul ne pourra en atténuer ni différer le paiement, sous le prétexte de contestation sur la quotité, ni pour quelque autre motif que ce soit, sauf à se pourvoir en restitution, s'il y a lieu.

Qui doit les acquitter ? — Les droits des actes à enregistrer seront acquittés, savoir : par les notaires, pour les actes passés devant eux ; par les huissiers et autres ayant pouvoir de faire des exploits et procès-verbaux, pour ceux de leur ministère ; par les greffiers, pour les actes et jugements (sauf le cas prévu ci-dessous) et ceux passés et reçus aux greffes ;

Par les secrétaires généraux des préfectures, les sous-préfets et les maires, pour les actes de ces administrations qui sont soumis à la formalité de l'enregistrement, sauf aussi le cas prévu ci-dessous.

Par les parties, pour les actes sous signature privée, et ceux passés en pays étranger, qu'elles auront à faire enregistrer ; pour les ordonnances sur requêtes ou mémoires, et les certificats qui leur sont immédiatement délivrés par les juges, et pour les actes et décisions qu'elles obtiennent des arbitres, si ceux-ci ne les ont pas fait enregistrer ;

Et par les héritiers (4), légataires et donataires, leurs tuteurs et curateurs, et les exécuteurs testamentaires, pour les testaments et autres actes de libéralité à cause de mort. C'est également aux parties que doit être adressée la demande des droits supplémentaires et non aux officiers publics.

Recours des officiers publics contre les parties. — Les officiers publics qui, aux termes des dispositions précédentes, auraient fait, pour les parties, l'avance des droits d'enregistrement, pourront prendre exécutoire du juge de paix de leur canton, pour leur remboursement.

---

(1) Exceptions : 1° Les procès-verbaux de ventes publiques de meubles seront enregistrés au bureau dans l'arrondissement duquel la vente aura lieu (Loi du 22 pluviôse an VII, art. 2 et 6). 2° Les notaires des cours d'appel peuvent faire enregistrer les inventaires par eux dressés aux bureaux des lieux où ils les auront faits, sauf leur clôture d'inventaire (*Instr.* 290, n° 32).

(2) Ayant une assiette déterminée.

(3) Si le décédé est domicilié hors de France, les rentes et les autres biens meubles sans assiette déterminée doivent être déclarés au bureau de l'enregistrement dans l'arrondissement duquel se trouve le débiteur des valeurs mobilières.

---

(4) L'héritier bénéficiaire est tenu personnellement, aussi bien que l'héritier pur et simple, du paiement des **droits** de mutation par décès.

L'opposition qui serait formée contre cet exécutoire, ainsi que toutes les contestations qui s'élèveraient à cet égard, seront jugées comme en matière d'enregistrement.

Qui doit supporter les droits ? — Les droits des actes civils et judiciaires emportant obligation, libération ou translation de propriété, ou d'usufruit de meubles ou immeubles, seront supportés par les débiteurs et nouveaux possesseurs ; et ceux de tous les autres actes le seront par les parties auxquelles les actes profiteront, lorsque, dans ces divers cas, il n'aura pas été stipulé de dispositions contraires dans les actes (1).

Les droits des déclarations des mutations par décès seront payés par les héritiers, donataires ou légataires. Les cohéritiers seront solidaires.

La Nation aura action sur les revenus des biens à déclarer, en quelques mains qu'ils se trouvent, pour le paiement des droits dont il faudrait poursuivre le recouvrement.

Les droits des déclarations des mutations par décès seront payés par les héritiers, donataires ou légataires. Les cohéritiers seront solidaires.

L'administration a deux actions contre les débiteurs des droits : une action personnelle et une action réelle sur les revenus des biens à déclarer ; néanmoins le droit de suite ne peut s'exercer au préjudice des tiers acquéreurs.

Des peines pour défaut d'enregistrement des actes et déclarations dans les délais, et de celles portées relativement aux omissions, aux fausses estimations et aux contre-lettres.

Peines pour défaut d'enregistrement dans les délais des :

1o *Actes des notaires.* — Les notaires qui n'auront pas fait enregistrer leurs actes dans les délais prescrits paieront personnellement, à titre d'amende et pour chaque contravention, une somme de dix francs, s'il s'agit d'un acte sujet au droit fixe, ou à une somme égale au montant du droit, s'il s'agit d'un acte sujet au droit proportionnel, sans que, dans ce dernier cas, la peine puisse être au-dessous de dix francs. Ils seront tenus, en outre, du paiement des droits, sauf leur recours contre les parties pour ces droits seulement.

2o *Actes des huissiers.* — La peine contre un huissier ou autre ayant pouvoir de faire des exploits ou procès-verbaux est, pour un exploit ou procès-verbal non présenté à l'enregistrement dans le délai, d'une somme de cinq francs, et de plus une somme équivalente au montant du droit de l'acte non enregistré. L'exploit ou procès-verbal non enregistré dans le délai est déclaré nul, et le contrevenant responsable de cette nullité envers la partie.

Ces dispositions, relativement aux exploits et procès-verbaux, ne s'étendent pas aux procès-verbaux de vente de meubles et autres objets mobiliers, ni à tout autre acte du ministère des huissiers sujet au droit proportionnel. La peine pour ceux-ci sera d'une somme égale au montant du droit, sans qu'elle puisse être au-dessous de dix francs. Le contrevenant paiera en outre le droit dû pour l'acte, sauf son recours contre la partie pour ce droit seulement (2).

3o *Actes des greffiers.* — Les greffiers qui auront négligé de soumettre à l'enregistrement, dans le délai fixé, les actes qu'ils sont tenus de présenter à cette formalité, paieront personnellement, à titre d'amende, et pour chaque contravention, une somme égale au montant du droit. Ils acquitteront en même temps le droit, sauf leur recours, pour ce droit seulement, contre la partie.

4o *Actes administratifs.* — Les dispositions de l'article précédent s'appliquent également aux secrétaires généraux des préfectures, aux sous-préfets et aux maires, pour chacun des actes qu'il leur est prescrit de faire enregistrer, s'ils ne les ont pas soumis à l'enregistrement dans le délai (3).

Exceptions aux règles ci-dessus en faveur des greffiers et des secrétaires. — Il est néanmoins fait exception aux dispositions des deux articles précédents, quant aux jugements rendus à l'audience, et aux actes d'adjudication passés en séance publique des administrations, lorsque les parties n'auront pas consigné aux mains des greffiers et des secrétaires, dans le délai prescrit pour l'enregistrement, le montant des droits fixés par la loi. Dans ce cas, le recouvrement en sera poursuivi contre les parties par les receveurs ; et elles supporteront en outre la peine du droit en sus. — Pour cet effet, les greffiers et les secrétaires fourniront aux receveurs de l'enregistrement, dans les dix jours qui suivront l'expiration du délai, des extraits par eux certifiés des actes et jugements dont les droits ne leur auront pas été remis par les parties : à peine d'une amende de

---

(1) Néanmoins les parties ne pourraient, par des conventions particulières, s'exonérer des peines portées par la loi personnellement contre l'une ou l'autre d'entre elles, ou, si l'enregistrement de l'acte est obligatoire, stipuler que cet enregistrement sera à la charge de celle des parties qui y donnera lieu.

(2) Tout exploit ou procès-verbal non enregistré dans le délai est déclaré nul.

(3) Les secrétaires ne sont tenus qu'à la remise d'un extrait au receveur lorsque les parties ne leur ont pas consigné les droits.

dix francs pour chaque acte et jugement, et d'être en outre personnellement contraints au paiement des doubles droits.

5° *Actes sous seing privé.* — Les actes sous signature privée, et ceux passés en pays étrangers, soumis à l'enregistrement dans un délai déterminé et qui n'auront pas été enregistrés dans ce délai, seront soumis au double droit d'enregistrement (1).

Il en sera de même pour les testaments non enregistrés dans le délai.

6° *Déclarations de successions.* — Les héritiers, donataires ou légataires qui n'auront pas fait, dans les délais prescrits, les déclarations des biens à eux transmis par décès, paieront, à titre d'amende, un demi-droit en sus du droit qui sera dû pour la mutation.

Peines portées relativement : 1° aux omissions. — La peine pour les omissions qui seront reconnues avoir été faites dans les déclarations, sera d'un droit en sus de celui qui se trouvera dû pour les objets omis.

2° *Aux fausses évaluations.* — Il en sera de même pour les insuffisances constatées dans les estimations des biens déclarés.

Si l'insuffisance est établie par un rapport d'experts, les contrevenants paieront en outre les frais de l'expertise.

Les tuteurs et curateurs supporteront personnellement les peines ci-dessus, lorsqu'ils auront négligé de passer les déclarations dans les délais, ou qu'ils auront fait des omissions ou des estimations insuffisantes.

Des obligations des notaires, huissiers, greffiers. etc.

I. *Acte en conséquence d'actes publics.* — § 1. Les notaires, huissiers, greffiers, les secrétaires généraux des préfectures, les sous-préfets et maires, ne pourront délivrer en brevet, copie ou expédition, aucun acte soumis à l'enregistrement, ni faire aucun acte en conséquence, avant qu'il ait été enregistré, quand même le délai pour l'enregistrement ne serait pas encore expiré, à peine de dix francs d'amende, outre le paiement du droit.

§ 2. Sont exceptés les exploits et autres actes de cette nature qui se signifient à parties ou par affiches ou proclamations, et les effets négociables.

Exception pour les actes reçus par le même officier public. — A l'égard des actes que le même officier aurait reçus, et dont le délai d'enregistrement ne serait pas encore expiré, il pourra en énoncer la date, avec la mention que

ledit acte sera présenté à l'enregistrement en même temps que celui qui contient ladite mention ; mais dans aucun cas, l'enregistrement du second acte ne pourra être requis avant celui du premier, sous les peines de droit.

Mais le notaire ne pourrait ni délivrer en brevet, copie ou expédition, aucun acte avant que cet acte ait été enregistré, ni faire aucun acte en conséquence d'un premier, émané d'un autre officier public, avant que ce premier acte ait été enregistré.

II. *Actes passés en conséquence d'un acte sous seing privé ou passé en pays étranger.* — Aucun notaire, huissier, greffier, secrétaire ou autre officier public, ne pourra faire ou rédiger un acte en vertu d'un acte sous seing privé, ou passé en pays étranger, l'annexer à ses minutes, ni le recevoir en dépôt, ni en délivrer extrait, copie, ou expédition, s'il n'a été préalablement enregistré, à peine de 10 francs d'amende, et de répondre personnellement du droit, sauf l'exception mentionnée ci-dessus.

Exception en faveur des seuls notaires. — Les *notaires* pourront faire des actes en vertu et par suite d'acte sous seing privé non enregistrés, et les énoncer dans leurs actes, mais sous la condition : 1° que chacun de ces actes sous seing privé demeurera annexé à celui dans lequel il se trouvera mentionné ; 2° qu'il sera soumis avant lui à la formalité de l'enregistrement ; 3° et que les notaires seront personnellement responsables, non seulement des droits d'enregistrement et de timbre, mais encore des amendes auxquelles les actes sous seing privé se trouveront assujettis (2).

Règle concernant le dépôt des actes chez les notaires et greffiers. — Il est également défendu, sous la peine de 10 francs d'amende, à tout notaire ou greffier, de recevoir aucun acte en dépôt, sans dresser acte du dépôt. Sont exceptés les testaments déposés chez les notaires par les testateurs.

Mention de la quittance des droits. — Il sera fait mention, dans toutes les expéditions des actes publics, civils ou judiciaires, de la quittance des droits, par une transcription littérale et entière de cette quittance. Pareille mention sera faite dans les minutes des actes publics, civils, judiciaires, ou extrajudiciaires, qui se feront en vertu d'actes sous seing privé, ou passés en pays étrangers, et qui sont soumis à l'enregistrement par la présente.

Chaque contravention sera punie par une amende de 5 francs.

Fausse mention. Peine. — Dans le cas de fausse mention d'enregistrement, soit dans une

---

(1) En cas de location verbale, il n'est dû qu'un seul droit en sus par le bailleur.

(2) Loi du 16 juin 1824, art. 13.

minute, soit dans une expédition, le délinquant sera poursuivi par le ministère public, sur la dénonciation du préposé de la régie, et condamné aux peines prononcées pour le faux.

Répertoire. — Les notaires, huissiers, greffiers et les secrétaires généraux des préfectures, sous préfets et maires, tiendront des répertoires à colonnes, sur lesquels ils inscriront, jour par jour, sans blanc ni interligne, et par ordre de numéros, savoir :

1º Les notaires, tous les actes et contrats qu'ils recevront, même ceux qui seront passés en brevet ; à peine de 5 francs d'amende pour chaque omission ;

2º Les huissiers, tous les actes et exploits de leur ministère, sous peine d'une amende de 5 francs pour chaque omission ;

3º Les greffiers, tous les actes et jugements, à peine d'une amende de 5 francs pour chaque omission ;

4º Et les secrétaires, tous les actes des administrations qui doivent aussi être enregistrés, à peine d'une amende de 5 francs pour chaque omission.

Chaque article du répertoire contiendra : 1º son numéro ; 2º la date de l'acte ; 3º sa nature ; 4º les noms et prénoms des parties et leur domicile ; 5º l'indication des biens ; leur situation et le prix, lorsqu'il s'agira d'actes qui auront pour objet la propriété, l'usufruit ou la jouissance de biens fonds ; 6º la relation de l'enregistrement.

Les notaires, huissiers, greffiers, et les secrétaires généraux des préfectures, sous-préfets et maires, présenteront, tous les trois mois, leurs répertoires aux receveurs de l'enregistrement de leur résidence, qui les viseront, et qui énonceront dans leur visa le nombre des actes inscrits. Cette présentation aura lieu, chaque année, dans les dix premiers jours des mois de janvier, avril, juillet, octobre, à peine d'une amende de 10 francs.

Indépendamment de la représentation ordonnée par l'article précédent, les notaires, huissiers, greffiers et secrétaires, seront tenus de communiquer leurs répertoires, à toute réquisition, aux préposés de l'enregistrement qui se présenteront chez eux pour les vérifier, à peine d'une amende de 10 francs en cas de refus. Le préposé, dans ce cas, requerra l'assistance d'un officier municipal, ou du maire ou de l'adjoint de la commune du lieu, pour dresser, en sa présence, procès-verbal du refus qui lui aura été fait.

Les répertoires seront cotés et paraphés, savoir : Ceux des notaires, par le président ou à son défaut par un autre juge du tribunal civil de la résidence ; ceux des huissiers audienciers, par le président de la cour ou du tribunal ou par le juge qu'il aura commis à cet effet ; ceux des autres huissiers par le juge de paix du canton de leur résidence ; ceux des greffiers de la justice de paix, par le juge de paix de leur domicile ; ceux des greffiers des tribunaux, par le président, et ceux des secrétaires généraux de préfecture, des sous-préfets, par les préfets ; ceux des maires, par les sous-préfets.

Des droits acquis et des prescriptions.

1º *Restitution des droits.* — Tout droit d'enregistrement perçu régulièrement en conformité de la présente ne pourra être restitué, quels que soient les événements ultérieurs, sauf les cas prévus par la présente.

2º *Prescription.* — Les droits simples d'enregistrement ne sont en principe prescriptibles que par trente ans.

Il n'y a d'exception à cette règle que celles qui sont limitativement désignées. Ainsi il y a prescription pour la demande des droits :

1º Après deux années, à compter du jour de l'enregistrement, s'il s'agit d'un droit non perçu sur une 'disposition particulière dans un acte, ou d'un supplément de perception insuffisamment faite, ou d'une fausse évaluation dans une déclaration, et pour la constater par voie d'expertise.

Les parties seront également non recevables, après le même délai, pour toute demande en restitution de droits perçus.

2º Après cinq années, aussi à compter du jour de l'enregistrement, s'il s'agit d'une omission de biens dans une déclaration faite après décès.

Exception : Le délai pour la prescription est de 30 ans en matière de rentes sur l'Etat.

3º Après dix années, à compter du jour du décès, pour les successions non déclarées.

Interruption des prescriptions. Péremption des poursuites. — Les prescriptions ci-dessus seront suspendues par des demandes signifiées et enregistrées avant l'expiration des délais ; mais elles seront acquises irrévocablement, si les poursuites commencées sont interrompues pendant une année, sans qu'il y ait d'instance devant les juges compétents, quand même le premier délai pour la prescription ne serait pas expiré.

Des poursuites et instances.

Solution des difficultés soulevées. Voie amiable. — La solution des difficultés qui pourront s'élever relativement à la perception des droits d'enregistrement, avant l'introduction des instances, appartient à la régie.

Poursuite. — Le premier acte de poursuite

pour le recouvrement des droits d'enregistrement et le paiement des peines et amendes prononcées par la présente sera une contrainte : elle sera décernée par le receveur ou préposé de la régie ; elle sera visée et déclarée exécutoire par le juge de paix du canton où le bureau est établie, et elle sera signifiée·

L'exécution de la contrainte ne pourra être interrompue que par une opposition formée par le redevable et motivée, avec assignation à jour fixe devant le tribunal civil de l'arrondissement. Dans ce cas, l'opposant sera tenu d'élire domicile dans la commune où siège le tribunal.

Instances. — L'introduction et l'instruction des instances auront lieu devant le tribunal civil de l'arrondissement : la connaissance et la décision en sont interdites à toutes autres autorités constituées ou administratives.

L'instruction se fera par simples mémoires signifiés et sans plaidoiries. Les parties ne seront pas obligées d'employer le ministère des avoués.

Il n'y aura d'autres frais à supporter pour la partie qui succombera, que ceux du papier timbré, des significations, et du droit d'enregistrement des jugements.

Les tribunaux accorderont soit aux parties, soit aux préposés de la régie qui suivront les instances, le délai qu'ils leur demanderont pour produire leurs défenses ; il ne pourra néanmoins être de plus d'un mois.

Les jugements sont rendus dans les trois mois, au plus tard, à compter de l'introduction des instances, sur le rapport d'un juge, fait en audience publique, et sur les conclusions du procureur de la République : ils seront sans appel et ne pourront être attaqués que par voie de cassation.

Les frais de poursuite payés par les préposés de l'enregistrement pour des articles tombés en non valeur pour cause d'insolvabilité reconnue des parties condamnées, leur seront remboursés sur l'état qu'ils en rapporteront à l'appui de leurs comptes. L'état sera taxé sans frais par le tribunal civil de l'arrondissement, et appuyé de pièces justificatives.

Droits et demi-droits en sus.

Ils figurent au budget de 1896 pour la somme de 4.293.100 fr. Les droits et demi-droits en sus sont les peines qui frappent les officiers publics et ministériels pour défaut d'enregistrement des actes et déclarations dans les délais, et celles portées relativement aux omissions, aux fausses déclarations et aux contre-lettres.

Nous avons vu également que certaines obligations ont été également imposées aux offi-

ciers publics et ont pour sanction des amendes.

Nous appelons spécialement l'attention des notaires sur la mention dans leurs actes de titres de sociétés ou de gouvernements étrangers (1). Contentons-nous ici de dire que pour exiger une amende, il faut un texte formel et précis qui non seulement ait prescrit une formalité à remplir, ou un paiement à effectuer, mais qui y ait attaché une sanction. Les raisonnements par analogie sont interdits en cette matière.

Droits et frais de greffe.

Ils figurent au budget de 1896 pour la somme de 150.000 francs. L'article 4 de la loi du 26 janvier 1892 a supprimé tous les droits de greffe sauf pour le conseil d'Etat et la Cour de cassation. C'est pourquoi ils figurent au budget pour une somme aussi minime. Néanmoins c'est encore d'après le tarif des anciens droits qu'est déterminée la remise allouée au greffier.

Droits d'hypothèques.

Ils figurent au budget de 1896 pour la somme de 6.084.200 francs.

Amendes.

Elles figurent au budget de 1896 pour la somme de 1.234.600 francs.

Outre les droits et les demi-droits en sus que les receveurs et employés supérieurs relèvent dans l'exercice de leurs fonctions, l'administration de l'enregistrement est en outre chargée de recevoir les amendes de consignation (2), les amendes relatives au notariat (3) et à la procédure civile (4), les amendes de contraventions aux lois sur le timbre et l'enregistrement (5).

---

(1) Voir ci-après le régime fiscal des sociétés.

(2) On appelle amendes de consignation celles dont le montant doit être consigné entre les mains des receveurs de l'enregistrement préalablement à l'appel, à la requête civile et au pourvoi en cassation, à la différence des autres amendes de procédure qui ne deviennent exigibles qu'après condamnation des parties.

(3) Les préposés de l'enregistrement doivent s'abstenir de relever les contraventions commises par les notaires aux prescriptions de la loi du 25 ventôse an XI. Ils doivent se borner à faire rectifier les irrégularités ou, le cas échéant, à les constater par un procès-verbal et à les signaler aux magistrats du parquet. L'amende est prononcée par le tribunal civil et encaissée par le receveur de l'enregistrement.

(4) Les amendes concernant la procédure sont seulement celles prononcées pour inobservation des règles spéciales destinées à assurer le cours régulier des instances.

(5) Ce sont les amendes autres que les droits et demi-droits en sus.

Taxes sur les sociétés.

Les droits d'enregistrement et taxes spéciales en matière de société sont de plus en plus productifs à mesure que croît et se transforme la fortune mobilière ; ils méritent donc une attention particulière.

Les trois taxes qui frappent les sociétés, sans compter les droits d'enregistrement, figurent au budget de 1896.

Le droit de timbre. . . . pour   23.040.000
Le droit de transmission .   —   42.173.900
La taxe sur le revenu. . .   —   66.720.000

Total. . . . 131.933.900

L'ensemble du régime fiscal des sociétés comprend 1° les droits d'enregistrement proprement dits sur les actes de société ; 2° le droit de timbre sur les actions et obligations ; 3° le droit de transmission sur les titres ; et 4° l'impôt de 4 0/0 sur le revenu des sociétés.

Nous allons suivre ces droits pendant les trois phases de la société, lors de la naissance, pendant la vie sociale, lors de la dissolution.

I. Constitution de la société.

1° *Droits d'enregistrement.* Les droits d'enregistrement varient selon que l'apport à la société est pur est simple ou à titre onéreux.

L'apport est pur et simple, lorsque l'associé, en échange de son apport, ne reçoit qu'une part de droits sociaux : intérêts ou actions, sans équivalent à fournir ou à payer par la société. — L'apport pur et simple n'est assujetti qu'au droit proportionnel spécial de 0 fr. 20 0/0 (0 fr. 25, décimes compris) sans droit de transcription.

L'apport est à titre onéreux lorsqu'il est fait, non moyennant une part de droits sociaux (actions ou parts d'intérêts et non obligations), mais moyennant un équivalent à fournir ou à payer par la société ou un autre associé. — Il se forme alors entre l'associé qui fait cet apport et la société ou l'autre associé un contrat qui donne ouverture aux droits proportionnels ordinaires suivant la nature de la mutation opérée : obligation, vente, marché ou bail.

2° *Droit de timbre.* — Les titres d'actions et d'obligations doivent être timbrés.

a) Actions. Chaque titre ou certificat d'action, même de jouissance, négociable, est assujetti au timbre à partir de l'émission. Le droit est assis sur le capital nominal ou, à défaut, sur le capital réel déterminé par la déclaration des parties.

Le droit est de 0 fr. 50 (0 fr. 60 avec les décimes) pour les sociétés dont la durée ne dépassera pas 10 ans ; il est de 1 fr. (1 fr. 20 avec les décimes) pour celles dont la durée dépasse 10 ans.

Une amende de 10 fr. (12 fr. 50 avec les décimes) est encourue par l'officier public ou ministériel qui mentionne dans un acte public un titre quelconque, non représenté au receveur, sans énonciation du droit de timbre payé.

Les sociétés peuvent s'affranchir du droit au comptant en contractant avec l'Etat un abonnement dont la quotité est de 0 fr. 05 (0 fr. 06 avec les décimes) par 100 francs. Ce droit doit être acquitté en quatre termes égaux à la fin de chaque trimestre au bureau du siège social. — Aucune amende n'est due en cas de retard.

b) Obligations. — Sont assujettis au timbre les titres d'obligations négociables des départements, communes, établissements publics et compagnies quelconques, lorsqu'elles sont cotées à la bourse ou susceptibles de l'être.

Le droit est dû à 1 0/0 (1 fr. 20 décimes compris) sur le montant du titre.

3° *Droit de transmission.* — Les sociétés, compagnies et entreprises dont les actions et obligations sont assujetties au droit de transmission sont tenues de faire au bureau du siège social une déclaration d'existence dans le délai d'un mois, à compter de la constitution définitive de la société, sous peine d'une amende de 100 à 5,000 francs en principal pour défaut ou retard.

4° *Impôt sur le revenu.* — La loi n'impose pas aux compagnies la déclaration d'existence.

II. Vie sociale.

1° *Droits d'enregistrement.*

A) Cession de part d'intérêt.

a) Actuelle. — Le droit de cession est la contre-partie du droit de transmission. Il frappe les cessions de parts d'intérêts, auxquelles on assimile les cessions d'actions non négociables. Le tarif de ces cessions est de 0 fr. 50 0/0 sans décimes (théories de l'arrêt du 4 février 1895) (1). Toutefois, il faut que la cession soit à titre onéreux. — Les transmissions entre vifs à titre gratuit obéissent au droit commun, c'est-à-dire sont passibles du droit de donation entre vifs ou par décès — et que la société forme une personne morale. — Les participations, les sociétés de fait ou verbalement prorogées ne sont pas des personnes morales.

b) Conditionnelle. — Si la condition est obligatoire et que l'associé a figuré à l'acte, le droit est exigible au moment de la réalisation de la condition, dès que l'événement : décès, retraite de l'associé, se produit.

Si le bénéficiant n'a pas figuré à l'acte, l'administration doit établir l'acceptation de l'attributaire.

---

(1) *Journal de l'Enregistrement*, n° 24546 ; *Revue de l'Enregistrement*, n° 894 ; *Répertoire périodique*, n° 8486.

Le contrat de société sert de base à la perception.

Si la condition est facultative, la preuve de la réalisation de la condition incombe à l'administration. Il n'y a pas de rétroactivité soit pour le tarif, soit pour l'exigibilité des droits.

B) Cessions d'actions dans un acte.— Lorsque la cession forme la disposition principale de l'acte, l'administration ordonne la perception immédiate du droit de transmission au comptant (0 fr. 50 sans décimes) sans attendre la réalisation du transfert. Lorsque la cession constitue une disposition dépendante de l'acte, elle est exonérée de tout droit par la disposition principale.

C) Modifications de société. — a) Prévues par les statuts. — Les modifications, soit de fonds, soit de forme, prévues par les statuts n'emportent pas dissolution de la société.

Les droits exigibles varient suivant la nature des modifications.

b) Non prévues par les statuts. — Les modifications superficielles n'opèrent pas dissolution de la société, à l'encontre des modifications radicales. Une modification est superficielle quand elle n'altère pas un des éléments essentiels de la société : l'objet, c'est-à-dire le but que doit poursuivre la société ; l'entreprise qu'elle tente, c'est-à-dire les apports des associés ; la considération de la personne dans les sociétés formées *intuitu personæ*. — Il faut moins considérer la modification elle-même que le changement apporté à l'être entier.

Les droits varient suivant la nature de la modification : 3 fr. ou droit proportionnel de 0 fr. 20 (0 fr. 25, décimes compris).

2° Droits de timbre.— Principe.— Le titre ou certificat d'actions ou d'obligations délivré par suite de transfert ou de renouvellement est timbré gratis si le titre primitif a été timbré. Mais il faut qu'il soit la représentation exacte de l'ancien.

A) Actions. — a) Droit au comptant. — Les droits indûment perçus sont restituables pendant cinq années.— Le Trésor, lui, a trente ans pour réclamer le droit simple, deux ans pour les amendes.

b) Abonnement. — La taxe est acquittée en quatre termes égaux à la fin de chaque trimestre au bureau du siège social. — Aucune pénalité n'est édictée en cas de retard. — Les sociétés infructueuses sont exemptes de la taxe.

B) Obligations.— Les règles sont les mêmes que pour les actions.

L'abonnement est contracté pour toute la durée des titres.

3° Droit de transmission. — La loi entend frapper les cessions à titre onéreux d'actions et d'obligations négociables qui supportent déjà le droit de timbre à partir de l'émission des titres.— Lorsque la loi peut saisir la véritable transmission — titres nominatifs — le droit est payé au comptant lors de chaque transfert; dans le cas contraire — titres au porteur ou assimilés — la loi soumet les cessions présumées à une taxe annuelle dite d'abonnement. — Lorsque les titres sont nominatifs ou au porteur au choix de l'actionnaire, son option rétroagit.

A) Titres nominatifs. — Lorsque le transfert est la condition de la validité de la transmission à l'égard de la société, le droit est perçu au *comptant* lors de chaque transfert réel. Ce droit est de 0 fr. 50 0/0 (sans décimes) sur le prix stipulé. Il est dû sur tous les titres transférés pendant le trimestre. Il est liquidé sur leur valeur négociée, déduction faite des versements restant à faire, c'est-à-dire sur le prix réel des titres.

La conversion donne ouverture au même droit que le transfert; sans cela il eût été facile d'éluder le droit de transfert au moyen d'une double conversion.

B) Titres au porteur et titres nominatifs assimilés. — Sont soumis à la *taxe annuelle* les titres au porteur ou transmissibles par endossement, par acte public ou sous seing privé, ou sans que le mode de transmission soit déterminé, et les titres nominatifs dont le transfert sur les registres de la société n'est pas la condition de la validité de la transmission à l'égard de la société, même si ces titres sont restés annexés à la souche.

La taxe obligatoire est de 0 fr. 20 0/0 sans décimes.

Pour les sociétés nouvelles, la taxe n'est liquidée que proportionnellement au nombre de jours écoulés depuis la constitution de la société ou l'émission nouvelle d'actions et d'obligations.

Pour les sociétés anciennes, la taxe frappe tous les titres existant au dernier jour du trimestre précédent.

La taxe est liquidée d'après le cours moyen de la bourse pendant l'année précédente ou d'après la déclaration des parties si les titres ne sont pas cotés.

C) Règles communes au droit au comptant et à la taxe. — a) Dans le délai d'un mois, les sociétés doivent déclarer les modifications apportées dans la constitution sociale, les changements de siège social, les remplacements de directeur ou de gérant, et les émissions de titres nouveaux.

b) Le droit et la taxe annuelle doivent être purgés par les sociétés au bureau du siège social dans les 20 jours qui suivent l'expiration de chaque trimestre.

A l'appui du paiement des droits les sociétés

doivent déposer : 1º le relevé certifié des transferts et des conversions opérées pendant le trimestre et soumis à l'impôt; 2º un état spécial de transferts faits à titre de garantie et exempt d'impôt; 3º un état distinct et certifié des titres au porteur et des titres nominatifs assimilés existant au dernier jour du trimestre, mentionnant le cours moyen ou contenant une évaluation.

c) Une amende de 100 à 5,000 fr. est encourue pour défaut de déclaration ou retard dans la déclaration de modification de statuts ou d'émission de titres; pareille amende, pour retard dans le paiement des droits à l'expiration de chaque trimestre ou le dépôt des états et relevés; ou refus de communication aux agents de l'enregistrement des registres des sociétés.

Un droit en sus est exigible pour omission ou insuffisance dans les états et relevés.

d) Les droits sont restituables pour erreur de fait seulement.

e) La prescription est biennale ou trentenaire, suivant les règles ordinaires en matière d'enregistrement.

4º *Impôt de 4 0/0 sur le revenu.*

A) Actions. — Toute société commerciale ou civile, sans exception, doit acquitter au bureau du siège social la taxe annuelle et obligatoire de 4 0/0 sans décimes sur les produits de toute nature de toutes ses actions, parts d'intérêts et commandites, sauf son recours contre les associés, excepté pour les amendes. — Le droit ne suit pas la somme de 20 fr. en 20 fr.

Sont exceptés : 1º les sociétés commerciales en nom collectif; 2º les revenus afférents aux parts des associés responsables dans les sociétés en commandite simple; 3º les parts d'intérêts dans les sociétés coopératives.

Deux conditions sont requises pour l'exigibilité de la taxe sur le revenu : 1º l'existence de bénéfices; 2º la distribution de ces bénéfices.

Le revenu imposable est déterminé :

a) Sociétés de capitaux — Par le dividende fixé d'après les délibérations des assemblées générales d'actionnaires ou des conseils d'administration; à défaut de délibération par les comptes rendus, à leur défaut par tous autres documents analogues.

b) Sociétés de personnes. — 1º Sociétés en nom collectif, pour les délibérations des conseils d'administration seules, si elles sont prévues par les statuts ; à défaut, par le prix moyen des cessions consenties pendant l'année précédente; à leur défaut, à 5 0/0 du capital social statutaire appelé ou évalué par les parties, s'il est indéterminé.

Les sociétés soumises au forfait légal peuvent s'exonérer du forfait légal en justifiant qu'elles n'ont distribué aucun bénéfice.

2º Sociétés en commandite. — La taxe se calcule de la même manière que pour les sociétés en nom collectif, mais seulement sur le montant total de la commandite versée.

La taxe est liquidée provisoirement avant la clôture de l'exercice puis définitivement une fois l'exercice expiré.

a) Liquidation provisoire. — Société nouvelle. — La taxe est payée sur le produit et évaluée à 5 0/0 du capital appelé. Elle doit être payée pour le premier trimestre aux époques habituelles, au prorata du nombre de jours écoulés depuis la constitution définitive jusqu'au premier jour du trimestre qui suit.

b) Sociétés existantes. — Pour les sociétés non soumises au forfait, la taxe se paie sur les 4/5 du revenu déterminé provisoirement d'après les résultats du dernier exercice réglé.

Pour les sociétés soumises au forfait, la taxe est liquidée sur les 4/5 du revenu de l'année précédente.

La taxe est payée en quatre termes égaux dans les vingt premiers jours des mois de janvier, avril, juillet et octobre de chaque année, sans prorogation si le dernier jour est férié.

c) Liquidation définitive. — Pour les sociétés qui distribuent des dividendes, multiplier le nombre de titres existant à la fin de chaque trimestre par le revenu annuel pour avoir le revenu imposable, et par suite le montant de l'impôt; puis imputer le montant des versements trimestriels. — La différence en moins est versée de suite; la différence en plus est imputée sur l'exercice courant ou restituée selon les cas.

La liquidation définitive est faite après la clôture de l'exercice social, lors du dépôt des comptes rendus ou extraits ordonnés par la loi.

Pour les sociétés soumises au forfait, la liquidation définitive est faite dans les vingt premiers jours de mai.

B) Obligations et emprunts. — Toutes les sociétés, même de fait, compagnies, entreprises quelconques, les départements, communes, établissements publics ou d'utilité publique doivent la taxe sur les arrérages et intérêts annuels de leurs emprunts et obligations de toute nature. Sont exceptés les emprunts des sociétés commerciales en nom collectif et les dettes qui ne sont pas causées pour prêt.

La taxe de 4 0/0 est calculée d'après le nombre des titres existant au dernier jour du trimestre écoulé.

La taxe est payée en quatre termes égaux dans les vingt premiers jours des mois de janvier, avril, juillet et octobre de chaque année, sans prorogation si le dernier jour est férié. Néanmoins, si les intérêts n'étaient pas payés en fait, la taxe serait restituable.

C) Règles communes aux bénéfices et aux obli-

gations.— a) Pénalités. — Il est dû autant d'amendes de 100 à 5,000 fr. qu'il y a de termes en retard, une amende de 100 à 5,000 fr. pour toute société qui n'a pas effectué dans les vingt jours de leur date le dépôt des délibérations et comptes rendus même négatifs; un droit en sus sans décimes, exigible pour toute omission causée par l'infidélité des comptes rendus et autres documents fournis par la société; un droit en sus sans décimes exigible pour insuffisance commise dans les déclarations souscrites en vue du paiement de l'impôt; une amende de 100 à 1,000 fr. pour refus de communication des registres aux agents de l'enregistrement.

b) Prescription. — La prescription tant pour l'action du Trésor que pour l'action contre le Trésor est de 5 ans.

c) Restitution. — La taxe devient restituable si un événement ultérieur annule le fait générateur de la perception.

d) Les lots et primes sont assujettis à la taxe de 4 0/0.

III. Dissolution de la société.

1º Droit d'enregistrement.— L'acte de dissolution donne lieu au droit fixe de 7 fr. 50, lequel peut être absorbé par le droit de partage ou de cession, la dissolution formant alors une disposition dépendante. En cas de partage la dissolution de la société est évidente, explicite; en cas de cession, la dissolution peut résulter de la convention, mais elle est implicite. — La dissolution implicite résulte :

1º D'une cession de toutes les actions ou de toutes les parts d'intérêt, soit à un tiers, soit à un associé, ou bien d'une cession successive de toutes les parts à un associé. — Disons immédiatement que dans ce dernier cas l'administration réclame un droit de mutation sur toutes les cessions. — Le droit n'est dû que sur la dernière, dit Garnier. — 2º Des modifications essentielles qui anéantissent l'être moral et donnent naissance à une société nouvelle. Nous n'avons pas à nous en occuper ici.

Nous n'avons à nous occuper ici que du partage et de la cession opérant dissolution.

A) Partage des sociétés.— a) Application des règles ordinaires. Elles s'appliquent dans trois cas : 1º Lorsque chacun des associés ou son héritier reprend son apport ou que celui-ci lui est adjugé (cependant le droit de transcription est exigible en cas de dissolution d'une société anonyme ou en commandite). 2º Le partage ne comprend que des biens acquis par la société ; 3º Les apports se composent de biens indivis entre les associés.

b) Règles spéciales. — Lorsqu'un associé, même cessionnaire des actions de l'auteur de l'apport, est rempli de sa part en biens apportés purement et simplement dans la société par un autre associé, une mutation s'opère et le droit proportionnel est exigible. — En cas d'adjudication, le droit est dû sur la valeur totale de l'objet apporté par un autre associé.

B) Cession de part d'associé.— Il est de principe que pour régler la perception, on doit considérer la nature de l'objet transmis non pas telle qu'elle existe entre les mains du cédant, mais telle qu'elle doit être, par le résultat de la convention, entre les mains de l'acquéreur. La fiction qui donnait aux actions ou parts d'intérêts le caractère d'objet mobiliers — pendant la liquidation ou pour ses besoins — s'arrête au seuil du partage définitif ou du partage partiel, c'est-à-dire de la licitation.

Si la cession est consentie à un associé : ou l'indivision cesse, et cette cession est un partage partiel ou total; ou l'indivision ne cesse pas, et le droit de mutation frappe toutes les parts acquises. Si la cession est consentie à un tiers, il y a vente.

1º *Droit de timbre.* — L'abonnement est la représentation du droit au comptant; il est irrévocable. Donc on ne peut y renoncer.

A) Actions. — L'abonnement est contracté pour toute la durée de la société ; c'est là son terme : il est donc exigible sur l'intégralité du capital, nonobstant toute réduction de ce capital. Le principe est absolu. En cas de prorogation avec réduction de capital, le droit d'abonnement est dû seulement sur le capital réduit.

B) Obligations.— L'abonnement est contracté pour toute la durée des titres, c'est-à-dire jusqu'au remboursement, malgré la faillite et la liquidation de la société.

2º *Droit de transmission.* — Le droit est exigible tant que les titres subsistent avec leur caractère originaire d'actions ou d'obligations négociables, donc jusqu'à l'amortissement ou la clôture de la liquidation et de la faillite. On doit donc décider que les actions et obligations continuent à être soumises au droit dans les conditions indiquées à la vie sociale, même pendant la liquidation et après la déclaration de faillite.

3º *Taxe sur le revenu. Bénéfices des sociétés.* — *A)* Principe. — La loi soumet l'exigiblité de la taxe à deux conditions : l'existence d'un bénéfice et sa distribution. Ce principe s'applique aux distributions consécutives à la dissolution.

Applications. — 1º La taxe est due sur les partages de société jusqu'à concurrence des valeurs excédant les apports originaires et supplémentaires des associés, et ce indépendamment du droit d'enregistrement de l'acte.

2º En cas de fusion de société, la taxe est due sur les bénéfices accusés par l'apport à la nouvelle société du fonds social de l'ancienne, et représentés par des titres de la nouvelle société.

3º En cas de modifications essentielles emportant dissolution de société et création d'une société nouvelle, la taxe est due sur la plus-value du capital social de l'ancienne société, constatée par l'attribution aux associés des titres de la société nouvelle.

B) Détermination de la valeur imposable. — Il faut déterminer le montant des valeurs distribuées aux membres de la société dissoute d'après le cours de la bourse ou la déclaration des parties ; 2º Il faut retrancher, pour avoir la valeur passible de la taxe, le chiffre des apports originaires et supplémentaires des associés déterminé par la valeur nominale des titres, ou la déclaration des parties.

C) Pénalités. — Les amendes encourues par une société, personne morale, s'éteignent avec elle. Si la société ne forme pas une personne morale, l'administration peut poursuivre contre les associés les amendes encourues.

D) Restitution. — L'excédent de la taxe résultant de la taxe définitive est restituable pendant 5 ans, si la société est arrivée à son terme. — La restitution doit être proposée d'office.

IV. Valeurs étrangères.

Il n'entre pas dans le cadre de cet ouvrage de nous occuper des valeurs étrangères pour lesquelles « en droit » les impôts sont les mêmes que ceux qui atteignent les valeurs françaises. — En fait — pour les valeurs non abonnées — elles se soustraient à l'impôt sur le revenu et au droit de transmission. Disons cependant un mot du droit de timbre, à cause de la loi du 28 décembre 1895 et des amendes que peuvent encourir les particuliers et les officiers publics et ministériels.

Droit de timbre. — Principe. — Titres des *Sociétés* et *Villes* étrangères cotés, émis, négociés ou exposés en vente en France : *Abonnement obligatoire.*

Fonds *d'Etat* et titres dont l'abonnement n'est pas obligatoire : *Timbrage au comptant en cas de négociation, exposition en vente ou énonciation dans un acte ou écrit soit public, soit sous seing privé autre qu'un inventaire* (Loi du 28 décembre 1895, art. 3).

Tarif. — Abonnement. — Voir les lois des 17 juillet 1857, art. 10, et 24 mai 1872, art. 4.

Droit au comptant. — Les titres des sociétés, villes étrangères, sont soumis au droit de 2 0/0 sans décimes ; les fonds d'Etat étrangers, au droit de 0 fr. 50 0/0 sans décimes sur la valeur nominale de chaque titre, au minimum de 100 francs.

Pénalités. — Amende de 5 0/0 en principal de la valeur nominale des titres, indépendam-

ment d'une amende de 100 francs en principal encourue par l'officier public contrevenant aux règles ci-dessus.

Des congrégations.

Assujetties en principe, en tant que sociétés, au régime fiscal des sociétés, et par conséquent aux trois taxes, les congrégations se distinguent par leur caractère propre et par leurs statuts qui prohibent en général la distribution des bénéfices. Aussi le législateur a-t-il dû les soumettre à des règles spéciales pour l'application *de la taxe sur le revenu.*

De plus, elles sont assujetties par la loi du 16 avril 1895 à une taxe représentative *du droit dit d'accroissement.* « L'addition de la taxe représentative du droit d'accroissement à la taxe de mainmorte rétablit, dans la pensée du gouvernement, l'égalité fiscale entre les immeubles des congrégations religieuses et les immeubles qui sont dans le commerce, puisque le droit d'accroissement correspond au droit de mutation par décès que supportent ces derniers biens. » (Discussion au Sénat du budget de 1895.)

En conséquence, nous allons traiter de la taxe sur le revenu et de la taxe représentative du droit d'accroissement.

I. Impot sur le revenu.

Loi du 29 juin 1872. — La loi du 29 juin 1872 avait établi une taxe de 3 0/0 (aujourd'hui 4 0/0) sur les intérêts, revenus, dividendes et tous autres produits *distribués* des actions des sociétés, compagnies et entreprises. Comme les associations religieuses en général ne distribuent ni revenus ni dividendes, il en résultait que les prescriptions de la loi ne pouvaient légalement atteindre ces collectivités.

Loi du 28 décembre 1880. — La loi dn 28 décembre 1880 voulut faire cesser cette exemption par son article 3 ainsi conçu :

« L'impôt établi par la loi du 29 juin 1872 sur les produits et bénéfices annuels des actions, parts d'intérêts et commandites, sera payé par *toutes les sociétés dans lesquelles les produits ne doivent pas être distribués en tout ou en partie* entre leurs membres. Les mêmes dispositions s'appliquent aux associations reconnues et aux sociétés ou associations même de fait existant entre tous ou quelques-uns des membres des associations reconnues ou non reconnues. »

Loi du 29 décembre 1884. — La disposition qui précède ayant soulevé de nouvelles difficultés et n'ayant été qu'incomplètement exécutée, le gouvernement résolut d'assujettir spécialement à la taxe de 4 0/0 les congrégations et associations religieuses. L'article 9 de la loi de finances du 29 décembre 1884 contient, à cet effet, la disposition suivante :

« Les impôts établis par les articles 3 et 4 de la loi de finances du 28 décembre 1880 seront payés par toutes les congrégations, communautés et associations religieuses, autorisées ou non autorisées, et par toutes les sociétés ou associations désignées dans cette loi, dont l'objet n'est pas de distribuer leurs produits en tout ou en partie entre leurs membres. — Le revenu est déterminé à raison de 5 0/0 de la valeur brute des biens meubles et immeubles possédés ou occupés par les sociétés, à moins qu'un revenu supérieur ne soit constaté, et la taxe est acquittée sur la remise d'une déclaration détaillée faisant connaître distinctement la consistance et la valeur de ces biens. — Sont maintenues toutes les dispositions de la loi du 28 décembre 1880 qui n'ont rien de contraire à la présente loi. »

L'impôt sur le revenu frappe donc le capital des congrégations et sociétés assimilées dont les produits ne sont pas distribués. La loi les soumet à une règle commune :

Le revenu est déterminé à 5 0/0 de la valeur brute des biens meubles et immeubles possédés ou *occupés* par les sociétés, à moins qu'un revenu supérieur ne soit constaté.

La taxe est payée annuellement dans le courant du premier trimestre de l'année suivante, au bureau du siège social.

II. Droit d'accroissement.

Les lois de 1880 et 1884 ont établi *le droit d'accroissement* afin de faire cesser certaines immunités dont jouissaient les congrégations religieuses soumises à un régime relativement favorable. La loi du 16 avril 1895 est ainsi conçue :

Art. 3. — « Le droit d'accroissement, établi par les articles 4 de la loi du 28 décembre 1880 et 9 de la loi du 29 décembre 1884, est converti en une taxe annuelle et obligatoire sur la valeur brute des biens meubles et immeubles possédés par les congrégations, communautés et associations religieuses, autorisées ou non, et par les autres sociétés et associations désignées dans les lois précitées.

» Ne sont pas soumis à la taxe les biens acquis avec l'autorisation du gouvernement en tant qu'ils ont été affectés et qu'ils continuent d'être réellement employés soit à des œuvres d'assistance gratuite en faveur des infirmes, des malades, des indigents, des orphelins ou des enfants abandonnés, soit aux œuvres des missions françaises à l'étranger.

» L'exemption sera accordée ou retirée, s'il y a lieu, par un décret rendu en conseil d'Etat. »

Art. 4. — « La taxe est fixée à trente centimes pour cent (0 fr. 30 0/0) de la valeur spécifiée à l'article précédent; le taux en est porté à quarante centimes pour cent (0 fr. 40 0/0) pour les immeubles possédés par celles des congrégations, communautés et associations énumérées au même article qui ne sont pas assujetties à la taxe de mainmorte établie par la loi du 20 février 1849; elle n'est pas soumise aux décimes. Le paiement en sera effectué, pour l'année écoulée, dans les trois premiers mois de l'année suivante, au bureau de l'enregistrement du siège social désigné à cet effet, sur la remise d'une déclaration détaillée faisant connaître la consistance et la valeur des biens. »

Art. 5. — « Le défaut de paiement dans le délai fixé sera puni d'un demi-droit en sus, lequel ne pourra être inférieur à cent francs.

» Un droit en sus est exigible en cas d'omission ou d'insuffisance d'évaluation commise dans la déclaration souscrite pour l'assiette de l'impôt. »

L'instruction de la régie 2882 est le meilleur commentaire de la loi.

HYPOTHÈQUES

§ 1. — Législation.

La loi du 21 ventôse an VII, relative à l'organisation de la conservation des hypothèques, a confié la conservation des hypothèques à l'administration de l'enregistrement et établi les bureaux des hypothèques près les tribunaux de première instance. Il y a donc un bureau par arrondissement; Paris en a trois.

Le titre dix-huitième du Code civil est consacré aux privilèges et hypothèques (art. 2092 à 2203).

D'importantes améliorations ont été apportées à notre législation hypothécaire par des lois postérieures, dont les principales sont :

1° La loi du 23 mars 1855, qui exige la transcription non seulement de toute mutation immobilière, mais encore de tout contrat constitutif d'antichrèse, de servitude, d'usage et d'habitation, de tout acte portant renonciation à ces mêmes droits, comme condition de leur validité à l'égard des tiers;

2° La loi du 10 décembre 1874, qui a créé l'hypothèque maritime;

3° La loi du 5 janvier 1875, relative à la tenue du registre des dépôts, dont l'un des doubles doit être déposé au greffe du tribunal civil autre que celui où réside le conservateur;

4° La loi du 13 février 1889, sur la renonciation de la femme à son hypothèque légale.

§ 2. — Registres tenus par les conservateurs.

Indépendamment des registres d'ordre intérieur qui servent à faciliter les recherches et à porter les salaires, les registres que tiennent les conservateurs pour l'accomplissement des formalités hypothécaires sont au nombre de quatre :

1° Le plus important, la base et le sommaire des autres, est le registre des dépôts, sur lequel les conservateurs inscrivent, par ordre numérique, les remises qui leur sont faites de bordereaux pour être inscrits, d'actes de mutation et de saisie immobilière, pour être transcrits, d'actes, expéditions ou extraits, pour être mentionnés. C'est sur ce registre que se fait la recette des droits au profit du Trésor;

2° Le registre des inscriptions des privilèges et hypothèques sur lequel les conservateurs inscrivent, dans l'ordre des dépôts, les bordereaux qui leur sont présentés et les inscriptions d'office ;

3° Le registre des transcriptions des actes de propriété d'immeubles et autres actes prévus par la loi du 23 mars 1855;

4° Et le registre des transcriptions de saisies sur lequel les conservateurs transcrivent en entier les procès-verbaux de saisie immobilière, présentés à la formalité.

§. 3. — Des droits au profit du Trésor.

1° *Droits d'inscription.* — Le droit dû pour l'inscription est fixé à 1 fr. par 1,000 fr. (Loi du 28 avril 1860, art. 60). Il n'est dû qu'un seul droit d'inscription par chaque créance, quel que soit d'ailleurs le nombre des créanciers requérants (art. 21 de la loi du 21 ventôse an VII).

Mais, si l'inscription est prise séparément et au moyen de bordereaux distincts, contre plusieurs débiteurs solidaires ou contre la caution et le débiteur principal, un droit particulier est exigible (Arg. art. 19 de la loi du 21 ventôse an VII; Traité Al., nos 106 et 107).

S'il y a lieu à inscription dans plusieurs bureaux, le droit est acquitté en totalité dans le premier; il n'est payé pour chacune des autres inscriptions que le simple salaire du préposé, sur la représentation de la quittance constatant le paiement entier du droit lors de la première inscription (Loi du 21 ventôse an VII, art. 22).

Le droit de 1 fr. par 1,000 fr. est dû sur les intérêts et les frais de mise à exécution, si le bordereau en contient le montant ou l'évaluation (Solut. 15 mars 1886).

Le renouvellement donne ouverture à un nouveau droit.

L'inscription prise d'office par le conservateur est exempte de droit. Mais le droit ordinaire devient exigible, si l'inscription de privilège est requise par le vendeur avant la transcription de l'acte (Garnier, 872).

Le droit d'hypothèque de 1 fr. par 1,000 fr. doit être perçu lors de l'inscription des hypothèques garantissant les ouvertures de crédit (Loi du 23 août 1871, art. 5).

L'inscription indéfinie, qui a pour objet la conservation d'un simple droit d'hypothèque éventuelle, sans existence actuelle, n'est point sujette au droit proportionnel (Loi du 6 messidor an VII, art. 1er).

Mais lorsque le droit éventuel se convertit en créance certaine, le droit proportionnel demeuré suspendu devient exigible (art. 2 de la même loi).

Les inscriptions prises contre les débiteurs des faillis sont soumises aux droits ordinaires.

Ces dispositions sont applicables en cas de liquidation judiciaire.

Mais les inscriptions prises au profit de la masse, conformément à l'art. 490, troisième alinéa du Code de commerce, sont considérées comme des inscriptions indéfinies non passibles du droit proportionnel d'hypothèque, aux termes de la loi du 6 messidor an VII, sauf à l'exiger pour l'inscription du jugement qui fixe définitivement la totalité des sommes à payer par le failli aux créanciers.

Les inscriptions à la requête du ministère public, celles des hypothèques légales, sont effectuées sans paiement immédiat des droits, sauf le recouvrement ultérieur sur les débiteurs.

2° *Droits de transcription.* — Les droits de transcription sont divisés en deux classes : le droit fixe et le droit proportionnel.

1° Droit proportionnel. — Le droit proportionnel est perçu tantôt par le receveur lors de l'enregistrement, tantôt par le conservateur lors de la transcription.

Avant la loi du 28 avril 1816, le droit de transcription était toujours perçu par le conservateur, puisque ce droit n'était pas compris dans le droit d'enregistrement.

Mais la loi du 28 avril 1816 a édicté les deux dispositions suivantes : « Le droit d'enregistrement des ventes d'immeubles est fixé à 5 fr. 50 p. 100 ; mais la formalité de la transcription au bureau de la conservation des hypothèques ne donnera plus lieu à aucun droit proportionnel » (art. 52).

« Dans tous les cas où les actes seront de nature à être transcrits au bureau des hypothèques, le droit sera augmenté de 1 fr. 50 p. 100, et la transcription ne donnera plus lieu à aucun droit proportionnel » (art. 54).

Pour reconnaître si un acte est passible du droit de 1 fr. 50 p. 100 à l'enregistrement, il n'y a pas à examiner s'il est translatif ou déclaratif de propriété : il suffit de rechercher s'il est de nature à être transcrit, c'est-à-dire si l'immeuble est de nature à être purgé.

En général, le droit d'enregistrement comprend le droit de transcription : il en est ainsi pour les ventes, les échanges, les donations entre vifs, les partages d'ascendants, les substitutions.

Dans le cas où le droit de transcription n'aurait pas été perçu à l'enregistrement et celui où des actes qui ne sont pas susceptibles d'être transcrits seraient présentés à la transcription, le conservateur est tenu de percevoir le droit de transcription. Ce droit est de 1 fr. 50 p. 100 (Loi du 28 avril 1816, art. 52 et 54). Il a été réduit à 0 fr. 50 p. 100 pour les partages d'ascendants (art. 1er de la loi du 23 juin 1875).

Nous avons dit que les actes qui ne sont pas de nature à être transcrits supportent également le droit de transcription de 1 fr. 50 p. 100 quand ils sont présentés volontairement à la transcription.

En effet, le droit est le salaire de la formalité, le prix d'un service rendu ; il en résulte que si les parties présentent à la transcription un partage, un acte de société, une licitation dont la transcription n'est pas obligatoire, le conservateur est tenu de percevoir le droit de 1 fr. 50 p. 100.

3° *Droit fixe.* — Toutes les fois que le droit proportionnel a été perçu lors de l'enregistrement, la transcription a lieu moyennant le droit fixe de 1 franc, outre le salaire du conservateur (art. 61 de la loi du 28 avril 1816).

Pour une adjudication en détail, le droit fixe de 1 franc est perçu pour chaque acquéreur (Instr. de l'Admin., n° 980). Il en est de même d'une vente consentie par plusieurs personnes non solidaires à un même acquéreur (Instr. 2210, § 2).

Quant aux actes assujettis à la transcription en vertu de la loi du 23 mars 1855, ils ne sont soumis qu'au droit fixe de 1 franc (art. 12).

Le droit proportionnel se perçoit comme à l'enregistrement, c'est-à-dire de 20 francs en 20 francs inclusivement et sans fraction (Loi du 28 avril 1816, art. 60).

Il est perçu en outre deux décimes et demi, comme en matière d'enregistrement, tant sur les droits fixes que sur les droits proportionnels (Lois des 6 prairial an VII, 23 août 1871 et 30 décembre 1873).

Prescription. — Les dispositions de l'art. 61 de la loi du 22 frimaire an VII sont applicables aux perceptions de droits d'hypothèques (Loi du 24 mars 1806). En conséquence, la prescription biennale atteint les droits d'inscription et de transcription non réclamés dans le délai de deux ans après la formalité.

L'action dure trente ans pour le recouvrement des droits en suspens.

TIMBRE

Définition.

On appelle timbre l'empreinte apposée par l'administration sur certains papiers dans un but fiscal, et droit de timbre la contribution perçue à l'occasion de cette contribution.

Nature de cet impôt.

Le droit de timbre est un impôt indirect, un impôt de consommation.

Le droit est acquis au Trésor irrévocablement par le fait de l'existence ou de la confection de l'acte ou de l'écrit soumis au timbre. Son exigibilité ne dépend ni de son utilité juridique, ni de la validité, ni de la durée de l'existence de l'écrit. Il en résulte que le droit ne peut être restitué ni admis en compensation d'autres droits de timbre et qu'il est acquis définitivement par le seul usage du papier. Le droit de timbre et le droit d'enregistrement sont d'une nature essentiellement différente. Le premier frappe un objet matériel, le papier. Il lui faut une matière imposable. L'existence de l'écrit est la condition essentielle de l'exigibilité du droit de timbre. Pour asseoir la perception du second, un écrit ou une manifestation corporelle de la volonté des contractants n'est pas nécessaire.

Ces deux droits sont régis par des lois distinctes et indépendantes les unes des autres, et il faut se garder d'appliquer la législation des unes aux matières que régit la législation des autres.

Loi fondamentale du 13 brumaire an VII.

I. La contribution du timbre est établie sur tous les papiers destinés aux actes civils et judiciaires et aux écritures qui peuvent être produites en justice et y faire foi.

Il n'y a d'autres exemptions que celles qui sont nommément exprimées dans la loi (voir ces exceptions ci-après).

II. Cette contribution est de deux sortes :

1º Le timbre de dimension, dont le prix varie suivant la dimension du papier ;

2º Le timbre proportionnel, gradué en raison des sommes exprimées.

Nota. — Des lois postérieures ont créé une troisième catégorie de timbres, dits timbres spéciaux, que nous étudierons plus loin.

Art. 4. Chaque timbre porte distinctement son prix.

Art. 6. Sur les papiers fournis par la régie, l'empreinte est au haut, à gauche de la feuille ; elle est à droite pour les papiers fournis par les particuliers.

De l'application des droits.

Sont assujettis au timbre de dimension tous les papiers employés pour les écritures soit publiques ou privées, savoir : 1º Les actes des notaires, huissiers, greffiers, les extraits, copies et expéditions, les actes judiciaires et les jugements, les actes des avoués (voir les exceptions ci-après), les actes entre particuliers, les pétitions, etc.....; les actes des autorités administratives qui sont assujettis à l'enregistrement et généralement tous actes et écritures, extraits, copies et expéditions publics ou privés, devant ou pouvant faire titre. 2º Les registres des autorités judiciaires (répertoires), et généralement tous registres, livres et minutes de lettres qui sont de nature à être produites en justice et dans le cas d'y faire foi, ainsi que les extraits, copies et expéditions qui sont délivrés des livres et registres.

Art. 13. Tout acte fait ou porté en pays étranger ou dans les colonies françaises où le timbre n'aurait pas encore été établi sera soumis au timbre avant qu'il puisse en être fait aucun usage en France.

Art. 14. Sont assujettis au timbre proportionnel les billets à ordre ou au porteur et tous autres effets négociables ou non négociables (loi du 6 prairial an VII) ; même les lettres de change tirées par seconde, troisième et duplicata, se faisant en France et payables à l'étranger.

Art. 15. Les effets venant de l'étranger ou des colonies françaises où le timbre n'aurait pas encore été établi sont soumis au timbre avant qu'il puisse en être fait aucun usage en France.

Des obligations respectives des notaires, greffiers, huissiers, secrétaires des administrations, arbitres, experts, des diverses autorités publiques, des préposés de la régie et des citoyens.

Art. 17. Les officiers publics et ministériels ne pourront employer pour leurs actes et expéditions que du papier débité par la régie.

Art. 18. La faculté accordée par l'art. 7 de la présente aux citoyens qui voudront employer d'autre papier que celui fourni par la régie en le faisant timbrer avant d'en faire usage leur est interdite.

Les administrations publiques conservent cette faculté; les notaires et autres officiers publics pourront néanmoins faire timbrer à l'extraordinaire du parchemin.

Art. 19. Les notaires, greffiers, arbitres et secrétaires ne pourront employer pour les expéditions du papier de format inférieur au moyen papier.

Les huissiers et autres officiers publics ou ministériels ne pourront non plus employer du papier inférieur à la dimension de celle du moyen papier pour les expéditions de procès-verbaux de ventes de mobiliers.

Art. 20. Les papiers employés à des expéditions ne pourront contenir, compensation faite d'une feuille à l'autre, plus de 25 lignes par page de moyen papier, plus de 30 lignes par page de grand papier, plus de 35 lignes par page de grand registre.

Art. 21. L'empreinte du timbre ne pourra être couverte d'écritures ni altérée.

Art. 22. Le papier timbré qui aura été employé à un acte quelconque ne pourra plus être employé pour un autre acte, quand même le premier n'aurait pas été achevé.

Art. 23. Il ne pourra être fait ni expédié deux actes de suite sur la même feuille de papier timbré.

Art. 24. Il est fait défense aux huissiers, notaires, greffiers, arbitres et experts d'agir, aux juges de prononcer aucun jugement et aux administrations publiques de rendre aucun arrêté, sur un acte, registre ou effet de commerce non écrit sur papier timbré du timbre prescrit ou non visé pour timbre.

Art. 25. Il est également fait défense à tout receveur d'enregistrement : 1º d'enregistrer un acte qui ne serait pas sur papier timbré du timbre prescrit ou qui n'aurait pas été visé pour timbre ; 2º d'admettre à l'enregistrement des protêts d'effets négociables, sans se faire représenter ces effets en bonne forme.

Art. 27. Aucune personne ne pourra vendre ni distribuer du papier timbré qu'en vertu d'une commission.

Art. 28. Le Code pénal est appliqué aux contrefacteurs.

Art. 29. Le timbre des quittances fournies à la République ou délivrées en son nom est à la charge des particuliers qui les donnent ou les reçoivent. Il en est de même pour tous autres actes entre la République et les citoyens.

Art. 30. Les écritures privées qui auraient été faites sur papier non timbré, sans contravention aux lois du timbre, quoique non comprises nommément dans les exceptions, ne pourront être produites en justice sans avoir été soumises préalablement au timbre.

DES DIVERSES ESPÈCES DE TIMBBE

CHAPITRE I

TIMBRE DE LA DÉBITE

SECTION I

Timbre de dimension.

§ I. — Timbres de dimensions ordinaires.

Les quotités diverses déterminées par la loi du 13 brumaire an VII ont été modifiées par l'art. 17 de la loi du 2 juillet 1862.

L'art. 2 de la loi du 23 août 1871 a ajouté deux décimes, de sorte que le tarif actuel est de :

0 fr. 60 pour la demi-feuille de petit papier;
1 fr. 20 pour la feuille de petit papier;
1 fr. 80 pour la feuille de moyen papier;
2 fr. 40 pour la feuille de grand papier;
3 fr. 60   —   — registre.

§ 2. — Timbres de dimensions mobiles.

L'art. 24 de la loi du 2 juillet 1862 a créé des timbres mobiles pour chaque espèce de papier de dimension. Ces timbres remplacent la formalité du visa pour timbre; ils sont appliqués et oblitérés immédiatement par les receveurs de l'enregistrement ou par les fonctionnaires désignés par le ministre pour suppléer ces préposés (trésoriers-payeurs généraux, receveurs des finances).

Ces timbres mobiles ne peuvent servir à timbrer ni les actes des officiers ministériels, ni les répertoires, ni les expéditions des actes de l'état civil, ni les tables de l'état civil.

Néanmoins leur usage est assez fréquent; ils sont ainsi employés pour :

1º Les formules imprimées destinées aux sous seings privés;

2º Les plans manuscrits non encore signés;

3º Les actes administratifs;

4º Les mémoires, mandats, certificats de travaux;

5º Les registres et les comptes des receveurs municipaux;

6º Les pièces en contravention aux lois sur le timbre;

7º Les lettres missives dont la production en justice est devenue nécessaire.

§ 3. — Timbres mobiles pour copies d'exploits et d'actes signifiés.

En créant ces timbres, la loi du 29 décembre 1873 a eu pour but d'assurer plus efficacement la perception du droit de timbre dû à raison de copies d'exploits et d'actes signifiés.

L'original continue à être fait sur du timbre de dimension ordinaire, mais les copies ne peuvent être rédigées que sur papier spécial de la dimension de 0 fr. 60 et 1 fr. 20 et timbré en couleur. Ce papier est fourni gratuitement par l'administration, mais l'officier ministériel est tenu d'acheter des timbres mobiles pour une valeur équivalente aux droits de timbre exigibles à l'occasion des papiers délivrés gratuitement.

Ces timbres sont collés par l'huissier en marge de l'original de l'exploit, en nombre et en quantité suffisants pour représenter les droits dus en raison des copies signifiées.

Quand un même exploit donne lieu à la délivrance de plusieurs copies, il est inutile d'apposer en marge de l'original un nombre de timbres égal à celui des feuilles employées à la rédaction des copies ; il suffit que les timbres mobiles en représentent la valeur. A cet effet, l'administration a mis en service des timbres mobiles de 0 fr. 60, 1 fr. 20, 3 fr. 60, 6 fr. et 12 fr. Le papier spécial porte le mot « copies. »

Le décret du 30 juillet 1862, en exécution de la loi du 22 juillet 1862, art. 22, limite les lignes et les syllabes que doivent contenir les copies.

§ 4. — Timbres mobiles pour connaissements
(Loi du 30 mars 1872).

On appelle connaissement la reconnaissance par écrit que doit faire un capitaine de navire des marchandises qu'il se charge de transporter.

Tout transport dans le rayon de l'inscription maritime doit être accompagné de quatre connaissements :

1o Pour le chargement ;
2o　— 　destinataire ;
3o　— 　capitaine ;
4o　— 　l'armateur.

Celui du capitaine est seul passible du timbre ; les autres sont timbrés gratuitement.

S'il est créé plus de quatre connaissements, les connaissements supplémentaires doivent être timbrés à 0 fr. 60.

Tarif. — Grand cabotage, 2 fr. 40 ; petit cabotage, 1 fr. 20 ; original supplémentaire, 0 fr. 60, décimes compris.

Les connaissements venant de l'étranger sont soumis avant tout usage en France au timbre de 1 fr. 20.

§ 5. — Timbre spécial mobile pour afficher.

L'affiche est un écrit que l'on place dans un lieu apparent, pour avertir le public de quelque chose,

L'affiche n'a ce caractère qu'à la condition d'être apposée dans un lieu accessible au public. Les affiches peuvent être timbrées à l'extraordinaire ou par l'apposition de timbres mobiles.

Ces timbres, créés en vertu de la loi du 27 juillet 1870 et du décret du 21 décembre 1872, sont les suivants :

Feuille de 12 décimètres 1/2 et au-dessous, 0 fr. 06, décimes compris ;

Au-dessus jusqu'à 0ᵐ25, 0 fr. 12 ;

Jusqu'à 50 décimètres, 0 fr. 18 ;

Au-dessus de 50 décimètres, 0 fr. 24.

Dans le cas où une affiche contiendrait plusieurs annonces distinctes, le tarif est 0 fr. 24, quelle que soit la dimension. Ce tarif est doublé si l'affiche contient plus de cinq annonces.

La loi du 30 mars 1880 dispose que les timbres mobiles créés pour les affiches imprimées peuvent être employés pour les affiches manuscrites.

Les affiches venant de l'étranger sont assimilées aux affiches manuscrites.

Sont exemptes du droit de timbre :

1o Les affiches manuscrites concernant exclusivement les offres et demandes d'emplois (Loi du 26 juillet 1893) ;

2a Les affiches des actes de l'autorité publique (Loi du 9 vendémiaire an VII) ;

3o Les affiches électorales contenant la profession de foi d'un candidat, les circulaires signées de lui, ou seulement son nom (Loi du 16 mai 1868, art. 3) ;

Cette exemption ne s'applique ni aux affiches électorales non signées par le candidat (Solut. 21 avril 1878), ni aux affiches placardées après la période électorale, par lesquelles les candidats remercient les électeurs (Décis. min. du 5 novembre 1880) ;

4° Les enseignes.

§ 6. — Passeport.

Le passeport est l'acte délivré par l'autorité publique, à l'aide duquel la personne qui en est munie peut circuler librement sans être inquiétée.

La loi du 16 juin 1888 a abaissé le prix du passeport à l'intérieur comme à l'étranger à 0 fr. 60, décimes compris.

Les passeports sont délivrés gratuitement aux indigents.

§ 7. — Permis de chasse.

La formule du permis de chasse est valable pour un an.

La loi du 20 décembre 1872 a fixé le tarif
à . . . . 15 　»
La loi du 2 juin 1875 a ajouté 2 décimes . . . . 3 　»

Soit . . . . 18 　»
Plus un droit de . . . . 10 　»
pour la commune.

Total . . . 28 　»

<h3 style="text-align:center">Section II</h3>

Timbre proportionnel ordinaire.

Sont assujettis au timbre proportionnel, en vertu des lois des 13 brumaire et 22 prairial an VII :

Les billets à ordre ou au porteur ; les lettres de change et tous effets négociables ou non ; les warrants ou prêts sur marchandises (Loi du 28 mai 1878) ; les effets négociables venant de l'étranger ou des colonies françaises où le timbre n'est pas établi, avant toute négociation en France.

Le tarif est de 0 fr. 05 par 100 francs ou fraction de 100 fr. (Loi du 29 juillet 1881).

Les effets tirés de l'étranger sur l'étranger et circulant en France sont soumis au droit de 0 fr. 50 par 2,000 fr. ou fraction de 2,000 fr. (Loi du 20 décembre 1872, art. 3).

Timbre proportionnel mobile.

Le droit de timbre auquel sont assujettis les effets de commerce peut être acquitté par l'apposition de timbres mobiles (Loi du 27 juillet 1870, art. 6).

Le timbre proportionnel est exempt des décimes.

SECTION III

§ 1er. — Timbre spécial fixe pour quittances.

Sous l'empire de la loi du 13 brumaire an VII, les quittances supérieures à 10 fr. étaient soumises au timbre de dimension, mais ses prescriptions n'étaient pas exécutées.

L'article 18 de la loi du 23 août 1871 a créé le timbre spécial à 0 fr. 10, embrassant tous les titres, signés ou non, portant libération, reçu ou décharge.

Excepté : 1º Les acquits inscrits sur les chèques ainsi que sur les effets de commerce assujettis au timbre proportionnel ;

2º Les quittances de 10 fr. et au-dessous, quand il ne s'agit pas d'un acompte ou d'une quittance finale sur une plus forte somme ;

3º Les quittances énumérées à l'article 16 de la loi du 13 brumaire an VII ;

4º Les quittances délivrées par les comptables publics qui sont soumises au droit de 0 fr. 25.

Une remise de 2 0/0 est accordée à ceux qui font timbrer préalablement leurs formules de quittances, reçus ou décharges.

Le décret du 29 avril 1881 a créé des timbres mobiles collectifs de 0 fr. 50, 1 fr. et 2 fr. pour les états d'émargement.

§ 2. Quittances des comptables publics.

On appelle comptables publics ceux qui reçoivent les deniers de l'Etat, des départements, des communes et des établissements publics.

La loi du 23 août 1871, art. 2, a fixé le droit à 0 fr. 25 sans décimes. La quittance est obligatoire.

Continuent à être exemptés de timbre :

1º Les quittances des contributions directes ;

2º Celles des contributions indirectes qui s'expédient sur les actes (enregistrement).

Le tarif de 0 fr. 25 ne s'applique qu'à la recette : la dépense supporte le droit de 0 fr. 10 seulement.

§ 3. — Récépissés des chemins de fer.

On appelle ainsi le reçu ou récépissé que les compagnies sont tenues de remettre aux expéditeurs.

Ces récépissés ont été assujettis au timbre par la loi du 13 mai 1863 (Instr. 2252).

Le droit est de, décharge comprise :
Pour les transports en grande vitesse. 0 f. 35
    —   en petite vitesse. 0 70
Ces droits sont exempts des décimes.

La loi de finances du 17 juillet 1889 avait remplacé ce tarif par une taxe graduée en raison du prix des transports. Cette loi a été abrogée le 26 décembre 1889.

Groupage. — Quand un entrepreneur fait un envoi collectif connu sous le nom de groupage, il est délivré d'abord un récépissé à l'entrepreneur pour le groupe et ensuite autant de récépissés qu'il y a de destinataires.

Un décret du 16 janvier 1890 a créé deux nouveaux types de timbres mobiles pour le timbrage des récépissés de chemins de fer concernant des envois de provenance étrangère : le premier, au tarif de 0 fr. 35, pour les transports en grande vitesse ; et le second, au tarif de 0 fr. 70, pour les autres transports.

L'usage de ces timbres, en dehors du cas limitativement prévu, est prohibé d'une manière formelle (Instr. nº 2785).

Lettres de voitures internationales. — Ces lettres de voiture, créées en vertu de la convention de Berne, le 14 octobre 1890, pour les transports des marchandises par chemins de fer, sont assimilées aux récépissés de chemins de fer.

Le droit est de 0 fr. 35 ou de 0 fr. 70. Créées en France, elles seront timbrées à l'extraordinaire.

Venant de l'étranger, elles seront revêtues de timbres mobiles par les soins des agents des douanes (Instr. nº 2828).

CHAPITRE II

TIMBRES NON COMPRIS DANS LA DÉBITE

SECTION I

Timbre spécial de dimension.

§ 1er. — Polices d'assurances maritimes.

Tout contrat d'assurance maritime, ainsi que toute convention postérieure contenant prolongation de l'assurance, augmentation dans la prime ou dans le capital assuré, doit être rédigé sur papier de timbre de dimension.

Les conventions postérieures énoncées dans le paragraphe précédent peuvent être écrites à la suite de la police, à la charge pour chacune d'un visa pour timbre au même droit que celui de la police.

Les compagnies et assureurs sont également tenus de faire une déclaration d'existence et de tenir un répertoire (Loi du 5 juin 1850, art. 42, 43, 44).

Ils ne peuvent contracter d'abonnement.

§ 2. — Affiches peintes (Instr. 2800 et 2803).

Toute affiche inscrite dans un lieu public, sur les murs, sur une construction et même sur toile, au moyen de la peinture ou de tout autre procédé, donne lieu à un droit d'affichage.

Tarif. — L'article 5 de la loi du 26 décembre 1890 avait fixé le tarif annuel de la taxe ainsi qu'il suit :

0 fr. 60 par mètre carré pour les affiches apposées dans les communes dont la population est de moins de 2,500 habitants ;

0 fr. 75 par mètre carré pour les affiches apposées dans les communes de 2,500 habitants à 40,000 habitants ;

1 fr. par mètre carré pour les affiches apposées dans les communes d'une population supérieure à 40,000 habitants ;

1 fr. 50 par mètre carré à Paris.

La loi de finances du 26 juillet 1893 modifie sur certains points les dispositions qui précèdent.

L'article 19 est ainsi conçu : La taxe du timbre à laquelle sont assujetties les affiches visées par l'article 5 de la loi du 26 décembre 1890 cesse d'être annuelle, la quotité en est fixée par mètre carré pour toute la durée de l'affiche, savoir :

A 1 fr. dans les communes dont la population n'excède pas 5,000 habitants ;

A 1 fr. 50 dans les communes de 50,01 à 50,000 habitants ;

A 2 fr. dans les communes supérieures à 50,000 habitants ;

A 2 fr. 50 à Paris.

Pour la liquidation du droit, toute fraction de mètre carré est comptée pour un mètre carré.

Ces droits ne sont pas soumis aux décimes. Pour l'application de ce tarif, les directeurs adresseront aux receveurs des extraits des décrets qui fixent la population des communes.

Une déclaration d'affichage doit être faite préalablement à toute apposition ou inscription d'affiches et remise au bureau de l'enregistrement dans la circonscription duquel se trouvent les communes où les affiches doivent être apposées.

Une déclaration par bureau et par affiche ou annonce distincte est exigée.

Il ne faut pas confondre les affiches avec les enseignes qui sont exemptes de timbre.

L'enseigne est sur la maison ou à l'endroit où s'exerce la profession ou le commerce ; partout ailleurs, c'est une affiche.

§ 3. — Opérations de bourse. — Loi du 28 avril 1893 (Instr. 2840).

Les lois antérieures avaient soumis à un droit de timbre les bordereaux des agents de change et des courtiers. Mais ce droit, fixé en principal à 0 fr. 50 pour les sommes de 10,000 fr. et au-dessous, et à 1 fr. 50 pour les sommes supérieures à 10,000 fr., ne répondait pas suffisamment au principe de la proportionnalité de l'impôt. D'autre part, la délivrance du bordereau n'était pas obligatoire. C'est ainsi que le produit de la taxe n'a jamais été en rapport avec le nombre et l'importance des affaires qui se traitent journellement sur le marché des valeurs.

La loi de finances du 28 avril 1893, applicable à partir du 1er juin 1893, assujettit, au contraire, à un droit proportionnel de 0 fr. 05 par 1,000 fr. ou fraction de 1,000 fr., du montant de l'opération calculée d'après le taux de la négociation, « toute opération de bourse ayant pour objet l'achat ou la vente, au comptant ou à terme, de valeurs de toute nature. » Ce droit frappe, en principe, l'instrument officiel de la négociation, c'est-à-dire le bordereau de l'agent de change.

La loi a voulu atteindre les achats et ventes de valeurs de toute nature, françaises ou étrangères, cotées ou non cotées, qui se négocient à la Bourse, encore bien que l'achat ou la vente soit entachée d'une nullité absolue.

Cette taxe n'est pas sujette aux décimes. Elle est réduite de 1/2 pour les opérations de report.

Quiconque fait commerce habituel de recueillir des offres et demandes de valeurs de bourse, est tenu :

1o D'en faire la déclaration tant au bureau de l'enregistrement du siège de l'établissement principal de l'assujetti qu'au bureau de chacune des agences ou succursales qu'il possède ;

2o De tenir un répertoire sur lequel il doit inscrire, jour par jour, sans blanc ni interligne et par ordre de numéros, toute opération par lui faite.

Ce répertoire doit être communiqué aux agents de l'administration, à toute réquisition. L'article 31 de la loi porte que « la perception des droits s'effectue au vu d'extraits du répertoire, déposés périodiquement au bureau désigné par l'administration. »

L'action de l'administration pour le recouvrement des droits et amendes exigibles est prescrite par un délai de deux ans.

Section II

Timbre spécial proportionnel.

§ 1er. — Actions des sociétés françaises.

L'action est une fraction quelconque du capital d'une société, représentée généralement par un titre entre les mains de l'actionnaire.

Elle est cessible comme un effet de commerce. C'est ce qui la distingue de la part d'intérêt, qui ne peut être cédée que dans les formes ordinaires.

Sous l'empire de la loi du 13 brumaire, l'action et la part d'intérêt étaient soumises au timbre :

La première, au timbre proportionnel par l'article 14 ;

La deuxième, au timbre de dimension par l'article 12.

La loi du 5 juin 1850 a assujetti les actions au droit spécial de timbre de 0 fr. 50 0/0 du capital nominal pour les sociétés dont la durée n'excède pas dix ans, et de 1 fr. 0/0 du capital nominal pour celles dont la durée dépasse dix ans, décimes en sus. Ce droit est avancé par les sociétés.

Il peut être converti en un abonnement pour toute la durée de la société. Le droit d'abonnement sera annuel et de 0 fr. 05 par 100 fr. du capital nominal de chaque action émise. Le paiement a lieu dans les vingt premiers jours de chaque trimestre, au bureau du siège de la compagnie.

§ 2. — Obligations françaises.

On appelle ainsi les titres d'emprunts souscrits par les départements, communes, établissements publics, sociétés ou compagnies.

La loi du 5 juin 1850 assujettit ces titres et obligations au droit de timbre de 1 0/0 du montant du titre, décimes en sus.

Les titres doivent être tirés d'un registre à souche comme les actions (art. 27 et 28).

La loi leur accorde la faveur de l'abonnement comme pour les actions. Les conditions sont les mêmes (art. 31 ; voir le numéro précédent).

Ces dispositions ne s'appliquent pas aux actions et obligations dont la cession n'est parfaite à l'égard des tiers qu'au moyen de l'accomplissement des conditions déterminées par l'article 1690 du Code civil.

§ 3. — Actions et obligations des sociétés et compagnies étrangères.

Aux termes de l'article 9 de la loi du 23 juin 1857 (Inst. 2100, 2104 et 2112), les actions et obligations émises par les sociétés, compagnies et entreprises étrangères, sont soumises en France à des droits équivalents à ceux qui sont établis sur les valeurs françaises ; elles ne pourront être cotées et négociées en France qu'en se soumettant à l'acquittement de ces droits.

Titres cotés à la Bourse :

Pour ces valeurs, l'abonnement est obligatoire. Les titres des sociétés étrangères ne sont pas frappés de l'empreinte du timbre. Un avis inséré au *Journal officiel* en tient lieu (Décret du 17 juillet 1857, art. 2).

Titres non cotés à la Bourse :

La loi du 30 mars 1872, art. 2, fixe le tarif à 1 0/0 du capital nominal.

En outre, cette loi défend de négocier, exposer en vente, ou énoncer dans un acte, les inventaires exceptés, des titres étrangers qui n'auraient pas été admis à la cote, ou qui n'auraient pas supporté le droit de 1 0/0 au comptant, décimes en sus.

§ 4. — Titres de rentes des gouvernements étrangers (Loi du 25 mai 1872; instr. 2446).

Le droit de timbre sur les titres de rentes, emprunts et tous autres effets des gouvernements étrangers, est fixé ainsi qu'il suit :

A 0 fr. 75 pour chaque titre de 500 fr. et au-dessous;

A 1 fr. 50 pour chaque titre de 500 fr. à 1,000 fr. ;

A 3 fr. pour chaque titre de 1,000 fr. à 2,000 fr.;

Et ainsi de suite, à raison de 1 fr. 50 par 1,000 fr. ou fraction de 1,000 fr. Ce droit n'est pas sujet aux décimes. Il est perçu sur la valeur nominale du titre.

§ 5. — Lettre de gage du Crédit foncier.

Le taux d'abonnement au timbre des lettres de gage et obligations du Crédit foncier, fixé à 0 fr. 02 par 1,000 fr. par la loi du 8 juillet 1852, a été élevé à 0 fr. 05 par l'article 1er de la loi du 30 mars 1872, sans décimes.

SECTION III

Timbre spécial fixe.

§ 1er. — Chèques.

Le chèque est l'écrit qui, sous la forme d'un mandat de paiement, sert au tireur à effectuer le retrait, à son profit ou au profit d'un tiers, de tout ou partie de fonds portés au crédit de son compte chez le tiré et disponibles (Loi du 14 juin 1865; Instr. 2312).

Tarif (sans décimes) :

Chèques sur place, 0 fr. 10 (Loi du 23 août 1871, art. 18) ;

De place à place, 0 fr. 20 (Loi du 19 février 1874, art. 18).

Le chèque ne peut être tiré que sur un tiers ayant provision préalable. Pour conserver son caractère, il doit être à vue.

L'existence d'une provision préalable, la faculté de tirer sur la même place, l'obligation d'en réclamer le paiement dans un bref délai, le privilège de ne pas être, par nature, un acte de commerce, sont autant de signes qui servent à caractériser le chèque et à le distinguer profondément de la lettre de change à vue (Inst. 2312).

Toutes les dispositions législatives relatives aux chèques tirés de France sont applicables aux chèques tirés hors de France et payables en France (Instr. 2488).

§ 2. — Lettres de voiture.

On appelle ainsi la feuille remise à un voiturier par celui qui expédie des marchandises ou autres objets pour être transportés d'un lieu dans un autre.

Le tarif est porté à 70 centimes, sans décimes, décharge comprise, par la loi du 28 février 1872, article 11 (Instr. 2433).

§ 3. — Colis postal.

Le colis postal, du poids de 3 kilogr., est assujetti au droit de timbre de 10 centimes (décharge comprise), sans décimes.

Ce tarif atteint aussi bien les colis postaux circulant en France que ceux provenant de l'extérieur.

Deux lois des 12 et 13 avril 1892 ont étendu considérablement le service des colis postaux nationaux et internationaux, autorisé l'expédition avec déclaration d'une valeur maxima de 500 fr. et enfin porté le poids de 3 à 5 kilogr., sans changer le tarif.

En ce qui concerne les expéditions de l'intérieur, le droit est payé au moyen de la délivrance obligatoire par les compagnies de bulletins timbrés à l'extraordinaire; et, en ce qui touche les expéditions provenant de l'extérieur, au moyen de timbres mobiles pour quittances, apposés par le service des douanes (Instr. 2824).

SECTION IV

Timbre extraordinaire.

§ 1er. — Assurance contre l'incendie et sur la vie.

L'assurance est un contrat par lequel l'assureur s'engage, moyennant une somme ou quelque autre valeur appelée prime, à indemniser l'assuré de la perte d'une chose.

Le contrat prend le nom de police d'assurance.

Législation antérieure. — Les lois du 13 brumaire et du 6 prairial an VII assujettissaient bien les polices au droit de timbre, mais elles n'étaient pas exécutées.

La loi du 5 juin 1850 ne se contenta pas de renouveler les prescriptions des lois antérieures en assujettissant formellement au timbre de dimension les polices d'assurances, ainsi que toute convention postérieure contenant prolongation de l'assurance, augmentation de la prime ou du capital assuré (Art. 33); elle imposa aux compagnies et assureurs l'obligation de faire, au bureau de leur résidence, une déclaration d'existence, de tenir un répertoire (1) non sujet au timbre et d'y porter les assurances par ordre de numéros dans les trois jours de leur date (Art. 43).

L'article 37 permit aux compagnies et assureurs d'acquitter le droit par annuités proportionnées aux capitaux assurés ou aux versements annuels *au moyen d'un abonnement avec l'Etat.*

La quotité du droit de timbre d'abonnement a été fixée, tant par l'article 37 que par la loi du 2 juillet 1862 :

Pour les compagnies d'assurances contre l'incendie, à 0 fr. 03 par 1,000 francs du total des sommes assurées ;

Pour les caisses départementales administrées gratuitement (2); à 1 0/0 du total des collectes de l'année ;

Pour les compagnies d'assurances sur la vie, à 2 fr. par 1,000 fr. du total des versements faits chaque année.

Ces droits ont été en outre assujettis aux décimes par la loi du 23 août 1871, art. 2.

Législation actuelle. Abonnement obligatoire. — La loi du 29 décembre 1884 (Instr. 2708) a rendu obligatoire le paiement par annuités du droit de timbre et a soumis le recouvrement de l'impôt aux délais et aux formes concernant la perception de la taxe d'enregistrement établie par l'article 6 de la loi du 23 août 1871 (3).

Elle a en outre fixé la taxe annuelle, *décimes compris,* à 0 fr. 04 par 1,000 fr. du total des sommes assurées contre l'incendie pour les assurances à primes, et à 0 fr. 03 par 1,000 fr. pour les assurances mutuelles.

Par le fait de l'abonnement, tous les actes qui ont pour objet la formation, la modification ou la résiliation amiable des contrats d'assurance sont dispensés des droits de timbre.

Les parties sont dispensées également de faire apposer l'empreinte du timbre sur les polices et autres actes compris au § 1er de l'article 8.

L'avis de l'acquittement du droit, inséré au *Journal officiel,* équivaut à l'application du timbre.

§ 2. — Timbre spécial des marques de fabrique.

La loi du 26 novembre 1873 (Instr. 2486) accorde aux propriétaires de marques de fabrique ou de commerce, déposées conformément à la loi du 23 juin 1857, la faculté de faire apposer sur leurs marques un *timbre* ou poinçon (4).

Les marques apposées sur des métaux sont soumises au poinçonnage. — Les étiquettes, bandes ou enveloppes sont soumises au timbre selon les cas.

Le timbre est apposé par l'administration. Il est perçu, pour chaque apposition de timbre, un droit qui varie de 1 centime à 1 franc, selon la valeur des objets (5), *sans décimes.* Le territoire a été divisé en 10 circonscriptions. En conséquence, l'empreinte de ce timbre spécial n'est apposée qu'à : Lille, Rouen, Paris, Châlons-sur-Marne, Nantes, Tours, Lyon, Bordeaux, Toulouse et Marseille.

CHAPITRE III

MODES DE PERCEPTION

Généralités. — Les différents modes de perception des droits de timbre sont :
La débite ;
Le timbre extraordinaire ;
Le visa pour timbre ;
L'abonnement.

SECTION I

Débite.

On appelle débite la vente au comptant des papiers timbrés et timbres mobiles par les receveurs et les distributeurs auxiliaires.

Ces distributeurs auxiliaires sont : 1º les débitants de tabacs ; 2º les agents des postes et des télégraphes (6).

§ 1er. — Débite faite par les receveurs.

L'instruction de 1637 impose aux receveurs l'obligation de débiter le timbre dans leurs bureaux de huit heures du matin à quatre heures du soir, excepté les dimanches et les jours fériés reconnus par la loi.

Ils doivent en outre charger des personnes de leur famille ou à leurs gages de faire cette débite le matin une heure avant l'ouverture du bureau et le soir deux heures après la clôture. Cette distribution exceptionnelle ne pourra se faire qu'au domicile du receveur. Elle aura lieu également les dimanches et jours fériés jusqu'à 2 heures de l'après-midi (7).

§ 2. — Débite faite par les distributeurs auxiliaires (8).

Certains débitants de tabacs sont exclusivement chargés, à titre d'auxiliaires, de la vente des papiers timbrés de dimension de toute nature et des timbres proportionnels (Iust. 2295). Ils reçoivent une commission. Ils s'approvision-

---

(1) Ce répertoire est présenté au visa trimestriel, conformément à l'article 51 de la loi de frimaire.
(2) Ces caisses ont pour but d'indemniser ou de secourir les incendiés au moyen de collectes.
(3) Paiement par trimestre et avant le dixième jour du troisième mois du trimestre suivant (Instr. 2708), au bureau du siège social, ou du domicile des assureurs.
(4) Le poinçon est apposé par les contributions indirectes (art. 2).

(5) Quand les étiquettes ou bandes ont une dimension inférieure à 10 centimètres, on perçoit en outre un droit de manipulation.
(6) La douane délivre des timbres mobiles pour connaissements (Décret du 30 avril 1872, art. 5), et des timbres à 10 centimes pour les colis postaux.
(7) Les receveurs sont affranchis de cette obligation dans les localités où il existe une distribution auxiliaire (Instr. 2720-60).
(8) Voir *Pénalités,* n. 437.

nent aux bureaux qui leur sont désignés. Ils ne peuvent vendre des papiers timbrés aux officiers publics et ministériels.

Le papier est revêtu par le receveur, de l'empreinte d'une griffe qui porte un numéro spécial à chaque débit.

Le receveur inscrit sur le carnet du distributeur les quantités fournies. Le prix est payé comptant, déduction faite de la remise dont le receveur fait article au journal de dépense.

Remises. — La remise, fixée d'abord uniformément à 1 fr. 50 0/0 sur le principal seulement, est aujourd'hui (Instr. 2505) :

A Paris, de 1 0/0.

Et partout ailleurs, par année :

De 1 fr. 50 0/0 sur les 40 premiers 1,000 fr.

1 franc 0/0 de 40,000 francs à 100,000 francs.

0 fr. 75 0/0 de 100,000 francs à 300,000 francs.

0 fr. 25 0/0 de 300,000 francs et au-dessus.

Enfin une décision du 11 mai 1889 (Instr. 2775) a réduit le taux de la remise à 1 0/0 uniformément, sauf pour la Corse, où le tarif de 2,50 0/0 est maintenu. Le nouveau tarif de 1 0/0 n'est mis en vigueur qu'au fur et à mesure des vacances, soit dans le personnel des titulaires exploitant eux-mêmes, soit dans le personnel des gérants.

Tous les débitants de tabacs sont chargés de vendre le timbre mobile à 0 fr. 10. Ils ont un carnet spécial. La remise est la même (1) (Instr. 2436, 2481). La vente du timbre mobile à 0 fr. 10 a été confiée en outre aux receveurs des postes et télégraphes, ainsi qu'aux facteurs des postes, moyennant l'allocation d'une remise uniforme de 1 0/0 pour la France et de 2 fr. 50 0/0 pour la Corse (Instr. 2775).

Section II

Timbre extraordinaire.

Généralités. — Les citoyens qui voudront se servir de papiers autres que ceux de la régie, seront admis à les faire timbrer avant d'en faire usage.

En général, les officiers publics et ministériels et même les particuliers doivent se servir du papier de la débite ordinaire (2). Le timbre extraordinaire ne peut être employé que pour les exceptions ou cas prévus.

L'empreinte des timbres extraordinaires est apposée, soit à l'atelier général à Paris, soit à la direction de chaque département.

§ 1er. — Doivent être timbrés à l'atelier général.

1º Les coupons pour effets de commerce (3);

2º Les lettres de voiture (4);

3º Les actions et obligations au comptant (5);

4º Les bordereaux de commerce (6) ;

5º Les quittances des comptables (Instr. 2767);

6º Les titres et effets des sociétés et des gouvernements étrangers, etc. (7).

§ 2. — Doivent être timbrés au chef-lieu du département.

1º Les parchemins pour les expéditions des actes des notaires et même pour les minutes (8);

2º Les acquits, reçus ou décharges (9);

3º Les affiches (Instr. 2462);

4º Les connaissements et les chèques (10);

5º Les marques de fabrique (Instr. 2486), etc.

Mode d'envoi à l'atelier général. — Les papiers à timbrer à l'extraordinaire sont remis par les particuliers aux receveurs de l'enregistrement, qui, après avoir reçu les droits de timbre, expédient les papiers en franchise à l'atelier général. L'envoi est accompagné d'un bulletin indiquant le nom des parties, les quantités par espèce des papiers à timbrer et le montant des droits payés.

Après l'apposition de l'empreinte, les papiers sont renvoyés au receveur qui les remet aux parties, après qu'il lui a été donné acte de cette remise (11).

Mode d'envoi à la direction. — Le receveur qui a reçu les droits de timbre n'adresse pas les papiers à timbrer à la direction; il les remet aux parties, qui doivent les présenter elles-mêmes au contrôleur du timbre, avec le permis de timbrer délivré par le receveur (12). Ce permis indique l'espèce et la quantité des papiers à timbrer, ainsi que le montant des droits perçus.

Section III

Abonnement.

L'abonnement est un contrat passé avec l'État, en vertu duquel les parties autorisées à s'affranchir du paiement immédiat des droits de timbre s'engagent à verser, pendant un certain temps, une somme déterminée et liquidée d'après la nature des droits de timbre exigibles.

Le paiement de ces droits est constaté par un enregistrement en recette, et les papiers pour lesquels un abonnement a été souscrit sont revêtus d'empreintes à l'extraordinaire apposées sans frais *(Dict. de l'Enregistr.,* vº *Timbre,* nº 168).

Cette empreinte est donnée dans tous les chef-lieux de département.

Elle porte les mots : *action abonnement, obligation abonnement* (Instr. 1867 et 1873),

En ce qui concerne les assurances contre l'incendie et sur la vie, l'avis de l'acquittement du droit, inséré au *Journal officiel,* équivaut à l'application de l'empreinte du timbre (Instr. 2708).

Les deux décimes doivent être ajoutés aux taxes d'abonnement (13).

---

(1) Toutefois les débitants de tabacs, uniquement chargés de la vente des timbres à 0 fr. 10 et nommés ou changés depuis le 1er octobre 1889, ne toucheront que la remise allouée aux receveurs des postes et télégraphes.

(2) Lois du 13 brumaire, articles 7 et 26, et 16 juin 1824, article 10.

(3) Décret du 27 juillet 1850.

(4) Loi du 12 juin 1852.

(5) Décret du 27 juillet 1850.

(6) Décret du 27 juillet 1850.

(7) Lois des 30 mars, 25 mai 1872 et 29 juin 1881.

(8) Lois du 13 brumaire, articles 7 et 26, et du 16 juin 1824, article 10, et *Dict. de l'Enreg.,* vº *Timbre,* n. 150.

(9) Loi du 23 août 1871.

(10) Loi du 23 août 1871.

(11) Consulter les Instr. 2381 et 2388.

(12) Les chèques sont envoyés par les receveurs à la direction.

(13) Loi du 30 mars 1872, article 3.

CHAPITRE IV

OBLITÉRATION DES TIMBRES, DROIT DE COMMUNICA-TION, LIQUIDATION DES DROITS

SECTION I

Oblitération.

Oblitérer veut dire *effacer, annuler en laissant des traces.*

L'oblitération est faite soit par les receveurs, soit par les imprimeurs, soit par les parties.

§ 1er. — Par les receveurs.

L'oblitération a lieu au moyen de la griffe qui existe dans chaque bureau et qui porte un numéro d'ordre. Cette griffe est appliquée à l'encre grasse noire, de manière qu'une partie de l'empreinte soit imprimée sur la feuille de papier de chaque côté du timbre mobile (1). Les timbres mobiles de dimension sont appliqués et oblitérés par les receveurs et les fonctionnaires (2) désignés par le ministre.

§ 2. — Par les imprimeurs.

Le timbre est collé par les imprimeurs; il est apposé de manière qu'il soit oblitéré par l'impression de deux lignes, au moins, du texte de l'affiche (Inst. 2462).

§ 3. — Par les parties.

Le timbre mobile est collé et immédiatement oblitéré par l'apposition, à l'encre noire, de la signature, de l'indication du lieu où l'oblitération est opérée, ainsi que de la date.

Le timbre peut encore être oblitéré au moyen d'une griffe apposée à l'encre grasse et faisant connaître la résidence, le nom, ou la raison sociale, le lieu où l'oblitération est opérée, ainsi que la date de l'oblitération (Instr. 2424 et 2480).

Les actes, pièces ou écrits sur lesquels le timbre mobile aurait été apposé sans l'accomplissement de ces conditions sont considérés comme non timbrés (3).

SECTION II

Droit de communication.

Les préposés de l'enregistrement ont le droit de se faire représenter les livres, registres, titres, pièces de recettes, de dépenses et de comptabilité des sociétés, compagnies et entreprises, des entrepreneurs de messageries et des administrations publiques chez lesquels il ont droit de pénétrer en vertu notamment de la loi du 23 août 1871.

Ce droit a été étendu aux sociétés, compagnies

d'assurances et assureurs contre l'incendie et sur la vie par la loi du 24 juin 1875, ainsi qu'aux congrégations, communautés et associations religieuses, autorisées et non autorisées, par la loi du 29 décembre 1884.

SECTION III

Mode de liquidation des droits et amendes de timbre.

Cette liquidation ne se fait, en suivant les sommes de 20 fr. en 20 fr., que dans les cas prévus par la loi.

La loi du 5 juin 1850, articles 14 et 27, a prescrit ce mode de liquidation pour les droits dus sur les actions, obligations et abonnements.

Indépendamment de l'amende exigible sur un acte ou écrit sur papier libre, il y a lieu de faire payer les droits de timbre (Loi du 13 brumaire an VII, art. 26).

CHAPITRE V

DES ACTES ET REGISTRES NON SOUMIS A LA FORMALITÉ DU TIMBRE

Sont exceptés du droit et de la formlité du timbre, en vertu de la loi du 13 brumaire an VII :

1º Les actes du pouvoir législatif et ceux du pouvoir exécutif ;

Les minutes de tous les actes, arrêtés, décisions et délibérations de l'administration publique en général et tous établissements publics, dans le cas où aucun de ces actes n'est sujet à l'enregistrement sur la minute, et les extraits, copies et expéditions qui s'expédient ou se délivrent d'administration à administration, lorsqu'il y est fait mention de cette destination.

Les inscriptions sur le grand-livre de la dette publique et les effets publics..

Tous les comptes rendus par les comptables publics; les doubles, autres que celui du comptable, de chaque compte de recette en gestion privée.

Les quittances ou récépissés délivrés aux comptables de deniers publics; celles que les percepteurs des contributions peuvent délivrer aux contribuables; celles des contributions indirectes qui s'expédient sur les actes et celles de toutes les autres contributions qui se délivrent sur feuilles particulières et qui n'excèdent pas 10 francs.

Les quittances des secours payés aux indigents et des indemnités pour incendies, inondations et autres cas fortuits.

Toutes autres quittances, même celles entre particuliers pour créances ou sommes n'excédant pas 10 francs, quand il ne s'agit pas d'un acompte ou d'une quittance finale sur une plus forte somme.

Les engagements, enrôlements et autres pièces et écritures concernant les gens de guerre.

Les pétitions présentées au Corps législatif.

Les demandes de congé, les certificats d'indigence, les rôles tenus par les greffiers, les actes de police générale et de vindicte publique.

2º Les registres de toutes les administrations

---

(1) Voyez Instr. 2260.

(2) Les percepteurs, les receveurs municipaux, les receveurs des postes, des finances et les trésoriers généraux ont la faculté d'annuler eux-mêmes les timbres mobiles qu'ils emploient (Instr. 2260).

(3) Les timbres mobiles, proportionnels et spéciaux sont oblitérés par les parties.

publiques et des établissements publics pour ordre et administration générale.

Ceux des tribunaux, du ministère public où il ne se transcrit aucune minute d'actes soumis à l'enregistrement.

Ceux des receveurs des contributions publiques.

Autres exemptions postérieures.

1º Certificats de contrats de mariage (Art. 1394 C. civ.).

2º Les affiches émanant de l'autorité publique (Instr. 454).

3º Les mémoires de frais n'excédant pas 10 fr. (Loi du 18 juin 1811).

4º. Les réclamations pour contributions dont la cote n'excède pas 30 francs (Loi du 21 avril 1832, art. 28).

5º Les pièces relatives au mariage des indigents (Loi du   décembre 1850).

6º Les expéditions d'actes administratifs délivrées aux indigents (Loi du 15 mai 1818).

7º Les affiches électorales, les proclamations signées du candidat (Loi du 11 mai 1868).

8º Les avis, prospectus, annonces et journaux (Loi du 23 juin 1857).

9º Les reçus constatant la remise d'effets de commerce à négocier (Loi du 30 mars 1872).

10º Les pièces à produire pour le service des caisses d'épargne (Instr. 2755).

11º Les actes d'avoué à avoué devant les tribunaux de première instance et les cours d'appel, ainsi que les exploits de signification de ces mêmes actes ; le bulletin nº 2 du casier judiciaire; les actes rédigés en exécution des lois relatives aux faillites et liquidations judiciaires; les expéditions délivrées par les greffiers des justices de paix en matière civile, et par les secrétaires des conseils de prud'hommes ; les avis de parents des mineurs indigents et des interdits et autres actes y relatifs (Instr. 2816 ; L. 26 janvier 1872).

CHAPITRE VI

PÉNALITÉS, PRESCRIPTION, PROCÉDURE

§ 1er. — Pénalités.

Sous l'empire de l'ancienne législation, la pénalité allait jusqu'à déclarer nuls les actes reçus par les officiers publics sans la formalité du timbre (Bosquet, II, 521). Duchâtel, dans la séance du 6 vendémiaire an VII, demandait aussi de frapper de nullité les actes, arrêtés ou jugements en contravention aux lois sur le timbre. Le législateur s'est contenté de prononcer des amendes. Mais la loi du 28 avril 1816 a déclaré, dans son article 75, *solidaires pour le paiement des droits et amendes de timbre :*

1º Tous les signataires, pour les actes synallagmatiques;

2º Les prêteurs et emprunteurs, pour les obligations ;

3º Les créanciers et les débiteurs, pour les quittances ;

4º Les officiers ministériels qui auront reçu ou rédigé des actes énonçant des actes ou livres non timbrés ;

5º Le souscripteur et l'accepteur, ou le premier cessionnaire d'un billet ou obligation négociable (1);

6º Le souscripteur, l'accepteur, le bénéficiaire ou premier endosseur, pour les effets de commerce non timbrés (2).

L'article 76 de la loi du 28 avril 1816, contrairement au principe de la personnalité des peines, déclare en ces termes les héritiers des contrevenants responsables : *En cas de décès* des contrevenants, lesdits droits et amendes seront dus par leurs successeurs.

---

(1) Loi du 24 mai 1834, article 21.
(2) Loi du 5 juin 1850, article 6.

TABLEAU DES AMENDES DE TIMBRE

Nos	DÉSIGNATION des CONTREVENANTS	NATURE DE LA CONTRAVENTION	LOIS OU RÈGLEMENTS auxquels on a contrevenu.	MONTANT ou QUOTITÉ de l'amende en principal	Observations
				fr.	
1	Particuliers	Timbre couvert d'écriture ou altéré. .	13 br. an VII, art. 21 et 26.	5	Amende réduite : 16 juin 1824, art. 10.
2	Id.	Acte sous seing privé sur papier libre. Papier ayant servi. Acte à la suite .	13 br. an VII, art. 12, 22, 23 et 26.	50	2 juill. 1862 ; le droit de timbre est de plus exigible.
3	Officiers ministériels.	Expéditions ; nombre de lignes ; timbre couvert d'écriture.	13 br. an VII, art. 20, 21 et 26.	5	Amende réduite : loi du 16 juin 1824.
4	Id	Acte en conséquence d'un acte non timbré.	13 br. an VII, art. 24 et 26.	20	Id.
5	Particuliers	Vente de timbre sans autorisation . . .	13 br. an VII, art. 27.	20	Id.
6	Commerçants	Effet négociable rédigé sur papier libre ou sur timbre insuffisant.	5 juin 1850.	6 °/₀	
7	Distributeurs de papier timbré.	Vente de timbre sans commission. . .	13 br. an VII, art. 27.	20	Id.
8	Huissiers	Copie ; nombre de lignes ; défaut de mention.	29 août 1813, 29 décembre 1873.	5	Id.
9	Imprimeurs	Affiches des particuliers rédigées sur papier blanc.	25 mars 1817.	20	Id.
10	Entreprenᵗˢ de transports.	Lettre de voiture ou connaissement sur papier libre.	11 juin 1842, 30 mars 1872.	30 — 50	
10 bis	Id.	Connaissements. Oblitération	Décret 25 juin 1890.	50	
11	Sociétés et établissements publics.	Encaissement d'un effet non timbré . .	5 juin 1850, art. 1.	6 °/₀	
12	Agents de change et courtiers.	Bordereau et arrêté sur papier libre .	Id., art. 13.	500	
13	Agents de change et courtiers.	Cession ou transfert d'un certificat d'actions non timbré.	Id., art. 19.	10 °/₀	
14	Société ou entreprise.	Emission d'actions en contravention aux art. 14 et 16.	Id., art. 18.	12 °/₀	
15	Id..	Contravention au règlement sur l'application du timbre des actions.	Décis. 27 juillet 1850.	50	
16	Société ou entreprise et départ., communes et établissements publics. . .	Emission d'obligations non timbrées. .	5 juin 1850, art. 29	10 °/₀	
		Refus de communication.	23 août 1871, art. 22.	100 à 1000	
17	Assureurs	Répertoire. Paiement des taxes. Défaut de déclaration d'existence.	5 juin 1850, art. 43 et 46.	1,000	Chaque autre contravention est de 10 fr.
18	Notaires et courtiers.	Police ou expédition sur papier libre .	Id., art. 48.	500	
19	Officiers ministériels.	Défaut de mention du timbre d'un acte énoncé et non représenté.	Id., art. 49.	10	Par chaque contravention.
20	Particuliers	Affiche non timbrée	8 juillet 1852.	100 à 500	Et le droit de timbre.
21	Id.	Affichage. Affiches peintes.	26 décembre 1890.	100	Par contrav.

N^{os}	DÉSIGNATION des CONTREVENANTS	NATURE DE LA CONTRAVENTION	LOIS OU RÈGLEMENTS auxquels on a contrevenu.	MONTANT ou QUOTITÉ de l'amende en principal.	Observations
				fr.	
22	Greffiers.	Expéditions. Nombre de lignes	24 mai 1854.	5	
23	Id	Minutes. Nombre de lignes	Décis. 8 déc. 1862.	5	
24	Sociétés. Agents de change.	Emission d'actions et d'obligations étrangères non timbrées.	23 juin 1857.	100 à 5000	
25	Particuliers	Vente ou tentative de vente de timbres mobiles ayant servi.	11 juin 1859.	50 à 1000	
26	Id.	Altération. Vente ou tentative de vente de papiers timbrés ayant servi.	2 juillet 1862.	50 à 1000	Emprisonnement en cas de récidive.
27	Sociétés, Agents de change.	Emission, transmission de titres non timbrés des gouvernements étrangers.	13 mai 1863.	10 %	
28	Assureurs	Défaut d'énonciation du montant des primes ou de la taxe payés.	23 août 1871.	10 %	
29	Particuliers	Quittance, reçu ou décharge au-dessus de 10 francs sur papier libre.	Id.	50	Et le droit de timbre.
30	Sociétés. Agents de change.	Négociation, exposition en vente de titres étrangers non timbrés.	30 mars et 25 mai 1872.	5 %	Minim. 50 fr. av. solidarité.
31	Officiers ministériels.	Enonciation de titres étrangers sans indication du timbre payé.	Id.	50	
32	Entrepren^{rs} de transports.	Registre de factage	30 mars 1872.	50 à 100	
33	Capitaines de navire.	Refus de communiquer les connaissements à la douane.	Id.	100 à 600	
34	Huissiers	Contravention à la loi sur les copies d'exploits.	29 décembre 1873.	50	
35	Commerçants et particuliers.	Chèque non daté, rédigé sur papier libre. Absence de provision.	19 février 1874.	6 %	
36	Particuliers	Affiches manuscrites non timbrées. Timbre non oblitéré.	30 mars 1880, 8 juillet 1852.	100 à 500	Et le droit de timbre.
37	Entrepren^{rs} de transports.	Colis postal en contravention à la loi .	3 mars 1881, art. 5.	50	
38	Id.	Lettres de voiture internationales . . .	29 décembre 1891.	50	
39	Agents de change et courtiers.	Opérations de bourse	28 avril 1893, art. 32.	3000	Au minimum.

Les amendes prononcées par la loi du 13 brumaire ont été réduites par celle du 16 juin 1824, article 16 :

    Celles de 500 f. à. . . . 100 f.
    —   100 à. . . . 20
    —   50 à. . . . 10
    Celles au-dessous à. . . 5

§ 2. — Prescriptions.

La prescription est de trente ans pour les droits de timbre à partir de la date de l'écrit (Instr. 2531-7°), et de deux ans pour les amendes (Loi du 16 juin 1824, art. 14), à partir du jour où les préposés auront été mis à même de constater les contraventions.

§ 3. — Procédure.

Les contraventions doivent être constatées par un procès-verbal, dressé au moment où la contravention est découverte (Instr. 1470-14°). Ce procès-verbal est rédigé à la requête de l'administration, et les instances sont suivies comme en matière d'enregistrement (Loi du 28 avril 1816, art. 76).